CONCEPCIÓN NAVAL
AURORA BERNAL
(EDS.)

LA EDUCACIÓN TRANSFORMADORA, LUCES Y SOMBRAS

EDICIONES UNIVERSIDAD DE NAVARRA, S.A.
PAMPLONA

Cupón para la Biblioteca Virtual

Accede a la versión eBook de este título por solo **1,99 €**. Con la compra de este libro puedes utilizar el siguiente cupón para la lectura en *streaming** desde la Biblioteca Virtual. **Sigue estas instrucciones** para visualizar tu libro:

1. Dirígete a la web de la Biblioteca Virtual **https://ebooks.eunsa.es/library**.

2. En la web ve a **Iniciar sesión** e introduce tu email y contraseña. Si no estás registrado, deberás completar el proceso en **Registrarse**.

3. Tras registrarte, accede a la página del libro o lee el QR de esta página. Bajo el precio podrás **insertar el código oculto en el siguiente cupón** para activar la promoción.

Despegue para visualizar

Acceso directo al eBook

Canjéalo en ebooks.eunsa.es

*Con acceso a internet desde cualquier navegador.

Primera edición: 2025

© 2025 Concepción Naval y Aurora Bernal (eds.)
Ediciones Universidad de Navarra, S.A. (EUNSA)
Campus Universitario • Universidad de Navarra • 31009 Pamplona • España
+34 948 25 68 50 • www.eunsa.es • eunsa@eunsa.es

ISBN: 978-84-313-4001-8
D.L. NA 131-2025

Imprime: Podiprint
Printed in Spain - Impreso en España

ÍNDICE

INTRODUCCIÓN

Viene siendo corriente escuchar en esta última década, incluso antes en el ámbito anglo-americano, el adjetivo "transformativo" o "transformador" para referirse a actividades educativas. Por ejemplo, encontramos expresiones como: aprendizaje transformativo, experiencia transformadora, liderazgo educativo transformador, aula transformadora o pedagogía transformativa.

También es frecuente encontrar mensajes como que una adecuada educación tiene que ser transformadora, de individuos, grupos humanos, climas, sociedades. Así se enfoca la educación para la justicia, la educación para el desarrollo sostenible, la educación para la ciudadanía, la educación para el florecimiento.

Al tiempo que se extiende esta perspectiva en la educación, ha surgido un conjunto copioso de estudios sobre la educación transformadora, investigaciones teóricas y aplicadas, de los que emerge un discurso teórico-práctico que es interesante abordar y que gira en torno a algunas cuestiones tales como:

¿Es la educación transformadora un nuevo enfoque de la educación?

¿Es más eficiente la pedagogía transformativa?

¿Es ética una educación transformadora que cambie identidades?

Yacek, autor que ha realizado un estudio extenso sobre la educación transformadora –desde Estados Unidos primero y ahora desde Alemania–, defiende que el tema tiene interés cuando se advierte que la designación de acción transformativa se ha convertido en una retórica de numerosos discursos políticos, psicológicos y educativos. Con ironía comenta que tiene la impresión de que el famoso oráculo de Delfos, "conócete a ti mismo", se ha sustituido por el de "transfórmate a ti mismo". Al mismo tiempo confirma que la idea de la educación transformadora se aplica a muchos campos educativos, como son la psicología educativa, la educación para la justicia social, la educación de adultos, la educación escolar o la educación superior.

La nota común de estas extensiones de la educación transformadora es que cuentan con la experiencia para cambiar, para transformarse y capacitarse, para impulsar acciones que promuevan el cambio en personas y contextos –social, cultural y ambiental–. Los cambios son de distinta índole: epistemológicos, de creencias, de valores, de actitudes, de preferencias, entre otros. Se trata de ver en la experiencia el medio o la oportunidad educativa para que una persona cambie en algo y se decida a actuar de un modo diferente, que le ayude a mejorar. Se transforma el educando, pero es el educador quien suscita esas experiencias transformadoras.

La teoría del aprendizaje transformador ofrece una perspectiva de aprendizaje para situaciones en las que los actores reconocen y evalúan de manera crítica los supuestos y las expectativas básicas que dirigen su pensamiento, su sensibilidad y su acción. Se basa en el supuesto humanista de que las personas tienen, a través de actos deliberativos, capacidades internas para cambiar las circunstancias. El aprendizaje transformador se define como el proceso a través del cual los actores transforman marcos de referencia problemáticos.

El concepto se ha aplicado ampliamente en estudios de sostenibilidad, incluida la sociología ambiental. En esa línea se apunta a cinco campos de investigación:

(1) investigación sobre educación ambiental y de sostenibilidad
(2) el papel de las emociones en relación, por ejemplo, con el cambio climático
(3) investigación sobre el activismo ambiental
(4) cambio de estilos de vida
(5) el aprendizaje transformador a nivel comunitario/organizacional

Son enfoques interesantes, pero que resultan pobres si pensamos en un concepto completo de educación, que es más que socialización.

Así, encontramos aportaciones de dimensiones filosóficas (posibilidad y necesidad de una educación transformadora, supuestos y límites de una teoría de la educación transformadora; procesos transformadores no educativos); de las coordenadas y los límites éticos de una educación transformadora; de sus dimensiones psicológicas: generatividad y subjetividad de los procesos transformadores, que son barreras para la transformación; de las dimensiones pedagógicas de la educación transformadora en el profesorado y el alumnado; de las implicaciones de la educación transformadora en la organización y la gestión educativa; de la proyección que la educación transformadora tiene para la sociedad digital.

Así pues, los dominios de la educación transformadora son muchos: la felicidad y el bienestar, la salud física y la mental, el sentido y el propósito, el carácter y la virtud, las relaciones interpersonales estrechas. La educación transformadora abarca múltiples ámbitos socioeducativos.

En el ámbito práctico de la educación, la búsqueda de una participación de los estudiantes, significativa y efectiva, ha provocado muchas conversaciones sobre metodologías educativas ya que se suele afirmar que los enfoques tradicionales de la enseñanza, a los que a menudo se acusa de caracterizarse por la absorción pasiva de información, deben ser objeto de escrutinio y necesitan una transformación.

En este panorama cambiante han surgido diversos medios pedagógicos transformadores que fortalecen a los estudiantes para abordar los desafíos sociales cultivando un sentido de responsabilidad cívica. Como educadores y profesionales comprometidos, en la universidad hemos sido testigos de primera mano del poder transformador, por ejemplo, del aprendizaje-servicio y del aprendizaje integrado. El enfoque del aprendizaje servicio, en concreto, trasciende los límites de la educación convencional al facilitar un aprendizaje experiencial que se extiende más allá del aula, permitiendo que los estudiantes se sumerjan en problemas del mundo real y promuevan cambios positivos dentro de sus comunidades.

Estamos encantados de poder presentar este libro que trata sobre una educación trasformadora en el siglo XXI en el que contamos con las contribuciones de la profesora Marisa Musaio, de la Università Cattolica del Sacro Cuore, en Milán, sobre la educación intergeneracional y su impacto en dinámicas transformativas sociales, en la que muestra el poder de la educación no formal para suscitar cambios que propicien un desarrollo humano sostenible. Y del profesor Fernando Gil, de la Universidad Complutense de Madrid, que apunta los aspectos controvertidos del discurso sobre el ideal de la educación transformadora invitando a pensar sobre el tema más a fondo, sin conformarse con aceptar tópicos sin más, porque están de moda.

Además, hay tres aportaciones "corales", elaboradas por académicos de varias universidades españolas.

Las profesoras Carmen Urpí (Universidad de Navarra), María G. Amilburu (UNED) y Patricia Quiroga (Universidad Complutense) presentan el sugerente capítulo "De sostenibilidades, sustentos y otras sujeciones educativas. Sobre la fuerza creadora del mirar pedagógico".

Gonzalo Jover (Universidad Complutense), Mónica Gijón (Universidad de Barcelona) y Mª Jesús Vitón (Universidad Autónoma de Madrid) han elaborado el provocador capítulo "Las transformaciones educativas en perspectiva política y social".

Finalmente, el capítulo sobre el "Liderazgo transformador de la educación para un mundo nuevo", de Antonio Bernal (Universidad de Sevilla), Miguel Ángel Santos Rego (Universidad de Santiago de Compostela) y Arantxa Azqueta (UNIR), evoca vías de acción constructivas.

Este libro es una llamada a la reflexión y a la acción para educadores, profesores, administradores, formuladores de políticas y otras partes interesadas. A través de un rico tapiz de marcos teóricos e investigaciones empíricas, aspira a abrir un diálogo o, mejor dicho, a continuar con una conversación ya iniciada; quiere proporcionar una hoja de ruta para aprovechar el potencial transformador de la educación en muy diversos y variados niveles y entornos educativos de todo el mundo. Esa ha sido nuestra ilusión al preparar esta publicación.

Queremos manifestar nuestra alegría por el hecho de que hayan aceptado nuestra invitación los colegas que aquí escriben para compartir su saber y su experiencia con los eventuales lectores. Todos han puesto su esfuerzo para entregar los materiales a tiempo con el fin de que podamos disfrutar de una lectura serena y fructífera, transformadora.

A veces solemos dar por hecho que sabemos leer y escuchar. Consideramos que por el simple hecho de saber hablar también sabemos escuchar y que las conversaciones son como transacciones de información. Pero un libro como éste nos recuerda que leer implica recibir estímulos, obviamente, pero que eso no significa que comprendamos o nos demos cuenta del todo de qué estamos leyendo. Ya sea porque nos distraemos o porque pensamos en otras cosas.

Es nuestro deseo despertar conversaciones interesantes. Que comience la lectura y la fiesta.

Pamplona, 7 de julio de 2024

REGENERACIÓN URBANA Y DINÁMICA TRANSFORMADORA: EL PAPEL ESTRATÉGICO DE LA EDUCACIÓN INTERGENERACIONAL

Marisa Musaio

Università Cattolica del Sacro Cuore – Milán (Italia)

PEDAGOGÍA DE LA CIUDAD: AGENDA DE REFLEXIONES

En el Decimosexto Congreso Internacional de Teoría de la Educación (CITE) se presenta una reflexión titulada *Regeneración urbana y dinámica transformadora: el papel estratégico de la educación intergeneracional*, un área de investigación que forma parte del Proyecto de Investigación de Interés Nacional (PRIN) sobre el tema: *Patrimonio cultural y comunidades educativas. Formación de capacidades y profesionalidad para un nuevo bienestar urbano*, financiado por el Ministerio de Investigación italiano, con la colaboración de la Università Cattolica de Milan, la Università Federico II de Nápoles y la Università de Siena. Las reflexiones que voy a compartir muestran las líneas de investigación pedagógica desarrolladas en este proyecto como directora científica de la Unidad de Investigación de la Università Cattolica.

La "pedagogía de la ciudad", y su contribución a la formación de habilidades y profesionales para un "nuevo bienestar urbano", son áreas de investigación en las que la ciencia pedagógica aborda los diferentes componentes de las ciudades entendidas no sólo como espacios o contenedores activos, sino como lugares de identidad que reflejan temas esenciales del discurso pedagógico: el perfil pedagógico de la ciudad, el nuevo bienestar urbano, el cuidado, la comunidad educativa, el trabajo de los profesionales de la educación.

La ciudad y los grandes temas del discurso pedagógico

La ciencia pedagógica llama la atención sobre algunas palabras claves que se han convertido en desafíos para la redefinición de las profesiones educativas: identidad de la persona, relaciones, acción intencional, promoción de la integridad de cada persona. En mi intervención me baso en estas palabras clave en las que se ha centrado ampliamente la pedagogía de inspiración personalista (Musaio, 2001, 2009), pero que hoy se recontextualizan para comprender una idea pedagógica de ciudad, y así abordar el problema de las numerosas fragilidades, promover el cuidado y fomentar una comunidad educativa (Bauman, 2001; Tramma, 2019).

¿De qué hablamos cuando hablamos de ciudad en pedagogía?

Debido a los procesos de globalización, muchos territorios urbanos de las metrópolis occidentales tienden a volverse cada vez más similares. La ciencia pedagógica aplicada a estos procesos (Mantegazza, 2000; Musaio, 2021; Panciroli, 2018; Tramma, 2019) atiende a los aspectos formativos y educativos, a los estilos de vida de las personas, en lugar de prestar atención a las diferentes configuraciones culturales, sociales y artísticas que se producen en los territorios. En consecuencia, la metrópoli ya no aparece como un territorio similar a otros, sino como un *laboratorio de formas emergentes* de convivencia, de procesos culturales, de experiencias educativas de participación e inclusión, como indican las líneas de la Nueva Bauhaus europea lanzadas en 2021 por la Presidenta von der Leyen[1].

Un trabajo inspirador con reflexiones sobre el significado relacional de la ciudad se puede encontrar en el volumen *Ciudades invisibles*, del escritor italiano Italo Calvino, cuando afirma que las ciudades "No son las cosas, las escaleras, los arcos de los pórticos, los tejados los que hacen una ciudad"; "La ciudad no está hecha de esto, sino de relaciones entre las

1. https://new-european-bauhaus.europa.eu/index_en

medidas de su espacio y los acontecimientos de su pasado. La ciudad se basa en redes de intrincadas relaciones que buscan una forma" (Calvino, 1993/2016, pp. 8-10).

En la vida cotidiana, cada actividad "tiene un lugar" y se desarrolla en un espacio más o menos poblado de personas y ocupaciones, pero plantear el problema del lugar no es un aspecto despreciable en un estilo de vida cada vez más centrado en actividades virtuales. El tema del espacio nos permite tener presente que en cada actividad –trabajo, estudio, cuidados, ocio– nuestro cuerpo está ubicado en un espacio físico, y que los organismos educativos, formativos y asistenciales, las escuelas, hospitales, lugares comunitarios u organizaciones, tienen una dimensión física y relacional que se sitúa en *un sistema de proximidad*, es decir, que está compuesto de personas, espacios y relaciones.

La atención a los sistemas de proximidad es relevante tanto para las personas como para las organizaciones. En lo que respecta a las personas, es claro que sus itinerarios vitales implican atravesar un continuo de actividades y servicios que configuran el sistema de proximidad en el que están inmersas. Considerar ese sistema nos permite mirar la experiencia del mundo y la calidad de vida de las personas. El espacio es un activador de caminos para rediseñar y repensar categorías pedagógicas, educativas y asistenciales.

Cada territorio de la ciudad incluye tanto la dimensión espacial como la social y educativa. Es un lugar material e inmaterial porque está 'habitado' por necesidades-problemas, experiencias y preguntas que buscan respuestas específicas.

La ciudad implica múltiples factores: espaciales, sociales, económicos, culturales; ya no es sólo el resultado de la infraestructura "dura" de una ciudad, de su "capital físico", sino de cualidades "blandas", humanas, de comunicación, de recursos sociales y participación.

Hermenéutica de las ciudades sostenibles. La ciudad "lugar inclusivo"

El énfasis en la dimensión de humanización de la ciudad pone de relieve sus componentes intangibles. Lo confirma la hermenéutica de la ciudad recordada por los Objetivos de Desarrollo Sostenible de la Agenda 2030. El Objetivo 11 exige el compromiso de construir ciudades y comunidades sostenibles, basadas en condiciones que faciliten el "acceso universal a espacios públicos y seguros, inclusivos y accesibles", en particular para las personas más frágiles, las personas con discapacidad, los niños y las personas mayores, insistiendo en que la ciudad sea un "lugar inclusivo", resultado de la atención a las dinámicas, especialmente de carácter social e innovador, que se llevan a cabo para paliar las condiciones de dificultad, pobreza y privaciones.

La reflexión pedagógica sobre la ciudad nos ayuda a tomar en consideración que cada ciudad es la respuesta original a una cuestión de convivencia entre diferentes personas. Cada ciudad intenta interpretar a su manera las numerosas necesidades y diferencias de los que la componen. Cada ciudad surge de circunstancias, planes y pensamientos posteriores. Cada ciudad expresa su propia manera de permanecer en el tiempo, de leer el pasado y de posicionarse con respecto al futuro.

Como afirma Ben Wilson en su volumen *Metropolis*, el objeto central no es solo el espacio. Las ciudades son "organismos palpitantes" con un tejido conectivo que está formado, en particular, por las actividades, aspiraciones y finalidades educativas de quienes en ellas viven (Wilson, 2021). No basta con hablar de edificios, de urbanismo, sino que es necesario centrar nuestra atención en las personas que van a vivir en las ciudades y en las formas en que buscan adaptarse. Eso no significa que la arquitectura no sea importante, sino que implica poner el énfasis en la interacción entre el entorno construido y el entorno humano. Hay que tener en cuenta la dimensión humana porque los datos nos dicen que más de la mitad de la población mundial vive en ciudades, y que en 2050 este porcentaje llegará, como señala Wilson, al 70%.

Los múltiples significados de una ciudad regenerada

Se debe prestar atención a los procesos de una ciudad regenerada e inclusiva que promuevan un nuevo bienestar urbano. Algunos de los procesos identificados son los siguientes:

- Procesos de revisión y mejora de espacios en desuso, periféricos y abandonados.
- Experiencias de conexión y vínculo entre personas y espacios.
- Procesos de participación y transformación social, artística y cultural.
- Procesos de innovación social en línea con el desarrollo sostenible e inclusivo.
- Procesos de mayor accesibilidad e interacción digital en los espacios de la ciudad.

La construcción de un nuevo bienestar urbano contiene algunas palabras clave que expresan procesos de relación entre lugares, personas, finalidades educativas, servicios y patrimonio cultural (Mancaniello *et al.*, 2023; Nuzzaci, 2011). Pero para entender cómo conectar esas áreas de investigación pedagógica es necesario realizar una exploración en profundidad que permita comprender las transformaciones de los espacios de la ciudad: transformaciones que emergen, en particular, con los proyectos fotográficos de "educación de la mirada" en algunos barrios de la ciudad de Milán.

En los diferentes lugares emerge la diferencia entre la innovación urbana de los rascacielos que rediseñan la imagen de la ciudad y el cambio de los suburbios que parecen presionar a los barrios tradicionales, para brotar con su especificidad y expresar el sentido de pertenencia de las personas a los lugares.

La "pedagogía de la ciudad" es un campo de investigación interdisciplinar porque la ciudad es una cuestión transversal que puede aprovechar la colaboración entre múltiples campos científicos: ciencias del territorio, arquitectura, urbanismo, ciencias humanas y sociales, medicina, ciencias éticas y espirituales. En esta dirección, para pensar la relación con los espacios de la ciudad los investigadores pedagógicos establecen relaciones con arquitectos, innovadores sociales, expertos en diseño territorial y social, en innovación cultural, regeneración urbana, desarrollo comunitario o transformación cultural, contribuyendo así a definir un "paradigma de formación pedagógica de la ciudad" (Musaio, 2021).

El objetivo de una pedagogía de la ciudad es pensar y planificar una idea de ciudad que favorezca la "centralidad de las actividades educativas y formativas" no sólo como forma de responder a necesidades y servicios, sino de "promover el bienestar", de construir relaciones, fomentar el cuidado de las personas, activar la capacidad de empoderamiento y generar riqueza humana, social y cultural, en definitiva, "producir valor social".

La pedagogía de la ciudad y el cuidado

La pedagogía de la ciudad converge cada vez más en el cuidado como manifestación de la condición humana que busca el bien (Mortari, 2021) y que plantea preguntas sobre cómo planificarlo e implementarlo. Es una pregunta fructífera para la pedagogía y para los desarrollos de las profesiones educativas. ¿Por qué es importante cuestionar las relaciones entre ciudad y cuidado? Porque estamos en una sociedad en la que los ciudadanos se ven cada vez más reducidos al papel de usuarios y clientes, de "hiperconsumidores" (Lipovetsky, 2006), pasando del hedonismo como necesidad de poseer determinados bienes, a la adquisición de bienes como "consumo emocional" y "consumo experiencial", con los que responder a experiencias puramente individuales y emocionales (Rigotti, 2021, pp. 28-30) que crean una "distancia relacional" con los demás (Musaio, 2020). Al tomar en consideración la fragilidad en cuanto condición humana no sólo como un problema, como un límite, sino como un motivo para la promoción humana, la solidaridad y la cooperación, plantear la relación persona-cuidado-ciudad permite deconstruir una idea de sociedad que mira exclusivamente a la satisfacción de necesidades.

En esta dirección la reflexión pedagógica resalta algunas cuestiones antropológicas sobre dimensiones esenciales del ser humano: la fragilidad intrínseca de la persona y el papel de la relación como dimensión central del acto educativo. Estas dimensiones están en el centro de la imagen de una ciudad que sabe cuidar de cada persona, de las más frágiles, de las condiciones para la plena realización del potencial de cada uno, y que sabe construir una comunidad capaz de educar a través de la combinación de múltiples dimensiones (Del Bene *et al.*, 2021; Lizzola, 2023; Musaio, 2021).

La fragilidad y la relación de ayuda de las profesiones educativas y sociales implican el reconocimiento de la fragilidad como una dimensión "inherente" al ser humano, pero difícil de reconocer para el hombre contemporáneo. Como afirma el filósofo Byung Chul Han en el volumen *Sociedad sin dolor*, "vivimos en una sociedad de positividad que limita la negatividad de la herida". Nos cuesta reconocer la vulnerabilidad y tendemos a experimentar la vida como una repetición de cosas (Han, 2019).

La fragilidad no sólo implica límites, sino que abre una perspectiva de posibilidades y de rediseño de de la propia existencia, para enseñar a rastrear la dimensión formativa de experiencias como la discapacidad, la enfermedad, el sufrimiento, el dolor, la vejez. Pedagógicamente, la fragilidad es:

— Una dimensión inherente a todo ser humano (Mortari, 2021).
— Una dimensión negada por el hombre contemporáneo, que busca sobre todo la adquisición (Han, 2019).
— Una dimensión potencial y transformadora para reconocer el potencial residual de cada persona.
— Una dimensión que se sitúa en la dirección de la relación de ayuda.

La condición vital de las personas mayores es expresión de la fragilidad humana y representa para nosotros una "experiencia que nos interpela", porque con su vulnerabilidad nos permite adentrarnos en los 'pliegues imperceptibles' de la existencia cuando está dominada por la incertidumbre y la precariedad. Las personas mayores nos ayudan a comprender los métodos y formas de acompañamiento más adecuados, los gestos de atención y respeto, la relación de ayuda; a descifrar lo que se esconde detrás de un encuentro, una mano, una lágrima o una sonrisa que captan el significado de fragilidad y cuidado.

A través de la persona mayor, la pedagogía de la ciudad recupera la atención por las múltiples condiciones humanas y por las relaciones entre generaciones, por los significados antropológicos y éticos de experiencias fundamentales como las relaciones, el contacto humano, las vivencias capaces de unir a las personas; dimensiones que tienen un puesto central en la formación de los educadores profesionales.

Personalización del cuidado

La importancia de un cuidado personalizado para mejorar el bienestar de la persona mayor (Mariani y Musaio, 2019) no tiene que considerarse solo como una respuesta a su fragilidad, sino que debe convertirse en una perspectiva generativa y comunitaria que se compone de diferentes direcciones de compromiso:

– El cuidado como "práctica en relación" para ayudar a la persona en su complejidad y su salud.
– La promoción de la salud como atención ampliada a la calidad de vida: dimensiones biológica, emocional, psicológica, relacional y ética.
– Las competencias de las distintas figuras profesionales de ayuda: médicos, enfermeros, figuras asistenciales, coordinadores pedagógicos, educadores.

El marco teórico pedagógico es fundamental a la hora de imaginar para las personas mayores lugares de cuidado que no sean solo la expresión de una visión asistencial, sino también un servicio diseñado para categorías de necesidades y categorías de personas.

El principio clave de la relación no es sólo la necesidad o la enfermedad. Se trata más bien de componer un mosaico de prácticas de cuidado y espacios relacionales capaces de acoger y adaptarse a la persona como un continuo. La última etapa de la vida tiene que ser considerada dentro de una complejidad existencial y biográfica (Gaudio, 2020; Musaio, 2021).

Más allá de las discrepancias y asimetrías de la vida, es importante prestar atención, como afirma Richard Sennet, a los procesos en los que todas las personas habitan espacios y en cómo son capaces de producir espacios "porosos" (Sennet, 2018), permeables, interesados en el intercambio, para "redistribuir la mirada" sobre aquellos que tienen una vida difícil, una vida frágil, tomando nota de una narrativa diferente de la ciudad. Además de los temas de crecimiento económico, de reconstrucción urbana, el cuidado personal implica la atención a la coplanificación entre ciudadanos en dificultades, operadores, voluntarios, administradores locales, coprotagonistas de un movimiento de atención destinado a delinear las ciudades como "laboratorios sociales y educativos", lugares para activar la integración y la inclusión, para superar la pobreza, las penurias y fragilidades, para que cada persona pueda sentirse parte de su comunidad.

Los "Puntos de comunidad" como espacios de educación intergeneracional

Desde una perspectiva de aceptación comunitaria de la fragilidad, el proyecto de regeneración urbana aquí presentado estudia una nueva iniciativa denominada "Puntos de comunidad". La idea es la de un "centro de servicios integrados" dentro de la ciudad, para afirmar una nueva visión del servicio de atención como síntesis de recursos personales y materiales que parten del territorio y llegan a la persona.

Los "Puntos de comunidad" de Milán son un ejemplo de regeneración en un contexto urbano difícil, de interacciones entre regeneración urbana, educación y cuidado, expresión práctica de servicios que se basan en una "pedagogía de la persona" y una "pedagogía de la comunidad educativa". La meta educativa es la promoción de una idea de ciudad y de salud que ponga a las personas en el centro partiendo precisamente del reconocimiento de las personas en su fragilidad y en su potencial, en su diversidad y su pluralidad, pero también en sus difíciles transiciones personales, relacionales y sociales. La experiencia de los "puntos de comunidad" tiene como objetivo restaurar la centralidad del compartir de los espacios marginales de la ciudad, para reactivar lugares de derechos, de relaciones y de construcción de un bienestar de proximidad basado en la interacción entre necesidades/respuestas/potenciales de las personas.

La respuesta de cuidado se encuentra en una perspectiva que no es unidireccional y genérica, ni sólo de servicios estandarizados, sino que busca la promoción de caminos personalizados, de proyectos que activen el potencial latente de cada persona, el aprendizaje de habilidades, la producción de significados culturales, formas y expresiones artísticas dentro de una geografía dinámica y transformadora de las comunidades. Esta experiencia de espacios comunitarios se reencuentra en la planificación de escuelas infantiles y residencias para personas mayores; de centros de servicios educativos, tanto para la primera infancia como para las personas mayores;

de servicios terapéuticos para los enfermos de Alzheimer o de ayuda a sus familias; de actividades culturales para las personas mayores, siempre con una perspectiva de aumentar el bienestar social y existencial.

Educación generativa

La conexión entre procesos de regeneración de la ciudad, bienestar de proximidad y cuidado tiene como objetivo promover la relación entre generaciones como proyecto educativo y formativo. La educación intergeneracional articula la dimensión del cuidado como una práctica educativa y cultural en la que las generaciones establecen un pacto de comprensión y confianza, pero no de manera abstracta, sino expresado en actos concretos de cuidado, de proximidad como encuentro, de intercambio entre generaciones, servicios y territorio. El objetivo no es sólo la prestación lineal de servicios, sino la activación de un proceso circular en el que el cuidado de la persona sea cada vez más interdisciplinar, holístico, humanizador, pero, sobre todo, que permita que esa circularidad se expanda incorporando la red de cuidados, ampliando su radio de acción para poder incluir fragilidades latentes. La educación entre generaciones encuentra sus fundamentos en la planificación pedagógico-educativa que mira los eventos humanos desde la perspectiva de la posibilidad y no de la necesidad, reconociendo a la persona como "conciencia anticipatoria" (Vico, 2002) que reconoce su origen, que es capaz de actuar y de experimentar las diferentes relaciones entre personas y lugares.

Hacia un paradigma de regeneración: la ciudad como laboratorio de profesiones educativas

Como síntesis de esta reflexión, podemos argumentar que el paradigma de regeneración de la ciudad que se alimenta de una perspectiva pedagógica y formativa se compone de algunos temas fundamentales:
- El contexto del *bienestar urbano*.
- El modo de *transformación* de procesos, servicios y métodos de respuesta a las necesidades de las personas.

— El propósito de la *generatividad*.

Las transformaciones en la ciudad permiten rastrear temas cruciales para el discurso pedagógico y las ciencias de la educación. En referencia al Proyecto de Interés Nacional de Investigación aquí expuesto, el compromiso de la pedagogía apunta a afirmar una perspectiva de la ciudad que sea capaz de mirar la relación entre las personas y las comunidades con referencia a tres ámbitos: 1) el cuidado; 2) la ciudad; 3) una idea pedagógica de la ciudad.

El cuidado es una idea que establece los procesos de regeneración de los espacios para rediseñar el perfil de la ciudad. Pero es igualmente importante explorar la regeneración urbana desde el punto de vista del impacto sobre los procesos educativos y sociales, mirar los espacios en términos de atención a las identidades, a las relaciones, a las diversidades de las personas, que transforman el trabajo educativo y social convirtiéndolo no solo en dar respuestas a necesidades y servicios sino también en una manera de construir relaciones de proximidad para cuidar nuestra casa común (Papa Francisco, 2020).

Los procesos de transformación en desarrollo están convirtiendo el cuidado de las ciudades en un "laboratorio de profesiones educativas" dedicadas a algunas tareas necesarias: resolución de los problemas contemporáneos; respuesta a la precariedad, la marginalidad, las soledades, el anonimato, la falta de sentido; promoción de relaciones y encuentro con los demás para un renovado compromiso educativo; transformación sociocultural de las profesiones para reflexionar sobre el nuevo bienestar urbano.

Desde esta perspectiva, la pedagogía de la ciudad juega un papel de mediación interdisciplinar entre áreas de reflexión y prácticas que requieren articulación en una perspectiva antropológica y ética (Agier, 2006) para lograr la recuperación de los significados humanos de la experiencia vital a fin de redescubrir las dimensiones centrales de la formación: el deseo de relación y de contacto humano, el deseo de belleza en la ciudad como lugar de encuentro entre singularidades.

REFERENCIAS

Agier, M. (2020). *Antropologia della città*. Ombre Corte.

Bachelard, G. (1999). *La poetica dello spazio*. Edizione Dedalo.

Barile, A. (2019). *Il tramonto della città: la metropoli globale tra nuovi modelli produttivi e tramonto della cittadinanza*. Derive Approdi.

Bauman, Z. (2001). *Voglia di comunità*. Laterza.

Bauman, Z. (2005). *Fiducia e paura nella città*. Mondadori.

Brambilla, L., De Leo, A. y Tramma, S. (Eds.) (2014). *Vite di città. Trasformazioni territoriali e storie di formazione nel quartiere Bicocca di Milano*. FrancoAngeli.

Calvino, I. (1993/2016). *Le città invisibili, con uno scritto di P.P. Pasolini*. Mondadori.

Cioffi, D. (2020). *Le città contemporanee: prospettive sociologiche*. Carocci.

Dal Pozzolo, L. (2021). *Il patrimonio culturale tra memoria, lockdown e futuro*. Editrice Bibliografica.

Del Bene, G., Rossi, A. L. y Viaconzi, R. (2021). *La comunità educante. I patti educativi per una scuola aperta al futuro*. Fabbrica dei Segni.

European Cultural Foundation (2021). *Courageous Citizens. How Culture Contributes to Social Change*.Valiz.

Gaudio, M. (2020). *La cura nell'accompagnamento autobiografico. Kliné*. Mimesis.

Giaccardi, C. y Magatti, M. (2024). *Generare libertà: accrescere la vita, senza distruggere il mondo*. Il Mulino.

Han, B. C. (2019). *La salvezza del bello*. Nottetempo.

Han, B. C. (2022). La *società senza dolore*. Einaudi.

Hannerz, U. (2006). *Esplorare la città: antropologia della vita urbana*. Il Mulino.

Iula, E. (2020). *Periferie. Dall'eterotopia alla rigenerazione*.Querianiana.

La Cecla, F. (2011). *Mente locale. Per un'antropologia dell'abitare*. Eléuthera.

Lévinas, E. (2016). *Totalità e Infinito. Saggio sull'esteriorità*. Jaca Book.

Lipovetsky, G. (2021). *Una felicità paradossale. Sulla società dell'iperconsumo*. Raffaello Cortina.

Lizzola, I. (2023). *Il lavoro nelle comunità. Tra vita quotidiana e profezia.* Castelvecchi.

Magatti, M. (2018). *Social generativity: a relational paradigm for social change.* Routledge.

Maino, F. y Ferrera, M. (Eds.) (2019). *Nuove alleanze per un welfare che cambia. Quarto Rapporto sul secondo welfare in Italia 2019.* Giappichelli.

Mancaniello, M. R., Marone, F. y Musaio, M. (2023). *Patrimonio culturale e comunità educante. Per la promozione di un nuovo welfare urbano.* Vita e Pensiero.

Mantegazza, R. (2000). *Una città per narrare.* Meltemi.

Mari, G. (Ed.) (2009). *La relazione educativa.* La Scuola.

Mariani, V. y Musaio, M. (Eds.) (2019). *Pedagogia e persona anziana. La relazione di aiuto nelle residenze.* Edizioni Studium.

Mela, A. (2020). *La città postmoderna. Spazi e culture.* Carocci.

Messia, F. y Venturelli, C. (Eds.) (2015). *Il welfare di prossimità. Partecipazione attiva, inclusione sociale e comunità.* Erickson.

Morelli, U. (2011). *Mente e paesaggio. Una teoria della vivibilità.* Bollati Boringhieri.

Morin, E. (2019). *Sull'estetica.* Raffaello Cortina.

Mortari, L. (2021). *Politica della cura: prendere a cuore la vita.* Raffaello Cortina.

Musaio, M. (2013). *L'arte di educare l'umano.* Vita e Pensiero.

Musaio, M. (2020). *Dalla distanza alla relazione. Pedagogia e relazione di aiuto nell'emergenza.* Mimesis.

Musaio, M. (2021). Pedagogia della città e processi di rigenerazione En M. Musaio (Ed.), *Ripartire dalla città: prossimità educativa e rigenerazione delle periferie* (pp. 49-64). Vita e Pensiero.

Musaio, M. (Ed.) (2019). *Il pedagogista nei servizi alla persona e nelle politiche giovanili.* Vita e Pensiero.

Musaio, M. (Ed.) (2021). *Persona anziana e cura. Riflessioni pedagogiche e narrazioni nel tempo della pandemia.* Studium.

Musaio, M., Chrost, S. y Urpí, C. (Eds.) (2023). *Care relationship and Well-being for Edlerly Person.* EDUCatt.

Nuzzaci, A. (2011). *Patrimoni culturali, educazioni, territori.* Pensa Multimedia.

Nuzzaci, A. (2012). *La didattica tra pedagogical literacy, heritage literacy multiliteracies: costruire il profilo del letterato nel 21 secolo.* Pensa Multimedia.

Ostanel, E. (2017). *Spazi fuori dal comune museale Rigenerare, includere, innovare.* FrancoAngeli.

Panciroli, C. (2018). Educare nella città. Percorsi didattici interdisciplinari (Educazione al patrimonio culturale, formazione storica, altri saperi). FrancoAngeli.

Papa Francisco (2015). *Laudato si'. Enciclica sulla cura della casa comune.* Edizioni San Paolo.

Papa Francisco (2020). *La vita dopo la pandemia.* Prefazione del cardinale Michael Czerny, SJ. Libreria Editrice Vaticana.

Perla, L. (2002). Comunicare. En C. Laneve (Ed.), *Vivere in città. Linee di pedagogia urbana* (pp. 27-57). La Scuola.

Pulcini, E. (2020) *Tra cura e giustizia. Le passioni come risorsa sociale.* Bollati Boringhieri.

Rigotti, F. (2021). *L'era del singolo.* Einaudi.

Riva, F. (2008). Paul Ricoeur e la città postmoderna. Condizione urbana, condizione umana: per una ripresa del personalismo sociale. *Civitas, V*(2-3), 215-234.

Rolando, S. (2015). *Citytelling: raccontare identità urbane. Il caso Milano.* Egea.

Rykwert, J. (2003). *La seduzione del luogo: storia e futuro della città.* Einaudi.

Schön, A. (1993). *Il professionista riflessivo. Per una nuova epistemologia della pratica.* Dedalo.

Sennet, R. (2018). *Costruire e abitare: etica per la città.* Feltrinelli.

Taleb, N. N. (2012). *Antifragile. Prosperare nel disordine.* Il Saggiatore.

The Care Collective (2021). *Manifesto della cura. Per una politica dell'interdipendenza.* Edizioni Alegre.

Toppetti F. y Ferretti L. V. (2020). *La cura della città: politiche e progetti.* Quodlibet.

Tramma, S. (2019). *Pedagogia della comunità. Criticità e prospettive educative.* FrancoAngeli.

Vico, G. (2002). *Pedagogia generale e nuovo umanesimo.* La Scuola.

Vico, G. (2019). *Non lasciatevi rubare la speranza. L'orizzonte educativo di papa Francesco.* Rubettino.

Vico, G. (2021). *Spaesamenti nel Cristo morto e risorto.* Rubettino.

Wilson, B. (2021). *Metropolis. Storia della città, la più grande invenzione della specie umana.* Il Saggiatore.

Capítulo 2

CONTROVERSIAS EN TORNO A LA EDUCACIÓN TRANSFORMADORA[1]

Fernando Gil Cantero
Universidad Complutense de Madrid

Ciertos seres con el crecimiento
no sólo se hacen más grandes, sino distintos
(Séneca, Epístola CXVIII).

La persona noble cambia como un leopardo.
La inferior sólo cambia en la superficie
(El libro de las mutaciones / I Ching).

No sigan la corriente del mundo en que vivimos,
sino más bien transfórmense a partir de una renovación interior
(Romanos, 12:2).

El de entonces soy yo todavía, o si no soy él soy su prolongación,
o su sombra, o su heredero, o su usurpador.
No hay ningún otro que se le parezca tanto
(Javier Marías, Corazón tan blanco, p. 270).

1. Conferencia de clausura del XVI Congreso Internacional de Teoría de la Educación, *Una educación transformadora en el siglo XXI*. Universidad de Navarra, Pamplona, 21-23 de mayo de 2024. Texto realizado dentro del proyecto: "El imperativo de la innovación educativa: análisis de su recepción y articulación en el sistema educativo español (IMP-NOVA)". IP: Alberto Sánchez-Rojo y Miriam Prieto Egido. Referencia: PID2022-138878NA-I00. Entidad financiadora: Ministerio de Ciencia e Innovación.

Quiero empezar dando las gracias a las profesoras Aurora Bernal y Conchita Naval y, en su nombre, a la Universidad de Navarra por la invitación a participar en este congreso.

Cuando la profesora Bernal me trasladó la invitación me preguntó si había oído hablar de la educación o la pedagogía transformadora. Le contesté que sí pero que no me interesaba mucho, pues consideraba que la educación y la pedagogía son, de suyo, transformadoras. Ando con mucho cuidado con la costumbre tan extendida de pegar adjetivos a la educación o a la pedagogía. Siempre he pensado que "(l)a buena Pedagogía no es ni tradicional ni progresista, es buena Pedagogía a secas" (Gil Cantero, 2018, p. 36). Total, que me puse a estudiar todo lo que había sobre educación transformadora, empezando por las referencias bibliográficas que la profesora Bernal amablemente me remitió, supongo que preocupada por invitar a un tipo que lo primero que pensó fue titular la conferencia *La educación transformadora es un pleonasmo y la pedagogía transformadora una tontería*. Sin embargo, tengo que reconocer que asomarse a la educación *transformadora* te permite revisar fundamentos importantes de la educación, algo que es mucho más relevante que lo que ofrecen otros adjetivos añadidos habitualmente a la educación y a la pedagogía. Creo que esto es así porque, como señalan los editores del número monográfico sobre educación transformadora de la *Educational Theory*, "(...) la idea de la transformación personal continúa capturando la imaginación occidental" (Yacek *et al.*, 2020, p. 530; vid: Yacek, 2020; Yacek y Gary, 2020), y también la oriental, como podemos leer en el arriba citado *El libro de las mutaciones* o *de los cambios*, escrito hace unos 3.000 años.

He sido un estudiante empollón y procuro seguir siendo un profesor empollón, con lo que no solamente me he leído y en algunos casos estudiado mucho de lo publicado de este tema, sino que además he tenido la osadía de apuntarme a un curso de educación transformadora impartido por la Universidad Camilo José Cela titulado *Aprender transformando, transformar aprendiendo. La educación transformadora clave para construir un mundo donde TODOS seamos agentes de cambio*. El curso está muy bien diseñado, con múltiples recursos, aunque creo que para un pedagogo entrado en años como yo también está lleno de lugares comunes. Como estamos entre gente de la academia os estaréis preguntando qué nota saqué.

Suspendí, sí, me quedé sin mi titulito, pero os aseguro que fue por un despiste en las fechas de entrega, pues era agosto, uno de los meses, por cierto, más propicio para transformarse e incluso perderse, pero no para estudiar. De hecho, hay una revista sobre turismo, la *Journal of Travel Research*, muy bien situada, empeñada en conseguir que se identifiquen los viajes vacacionales como experiencias transformadoras. En cualquier caso sí logré aprenderme lo que llaman principios para una pedagogía transformadora:

> Aprender transformando, transformar haciendo/ Educar desde una perspectiva de desarrollo holístico/ Pasar de concienciar a desarrollar competencias transformadoras para la ciudadanía global / Impulsar un estilo de liderazgo colectivo, adaptativo y participativo en los procesos de aprendizaje / Conectar diferentes perspectivas a través de la diversidad / Situar la comunidad local y global en el centro del proceso de aprendizaje / Considerar que todo proceso de educación transformadora es un proceso de colaboración / Defender que la innovación educativa es también social / Incorporar la visión sistémica en la educación (Universidad Camilo José Cela, 2023, vid: Unesco, 2013).

Cuando empecé a formarme en las tareas investigadoras con mi maestro el profesor Ibáñez-Martín mantuvimos una conversación que siempre guía mis trabajos académicos dada la cantidad de iluminados que pueblan el saber pedagógico. Viendo lo fuertemente impresionado que estaba a mis veintipocos años por lo que había publicado recientemente un profesor, me dijo: "Eso que dice fulanito ¿lo dice alguien más en el mundo? ¿Qué es lo que dice la comunidad científica sobre eso que dice fulanito?"[2].

Pues bien, lo primero que voy a hacer es traerles aquí de forma muy resumida, por supuesto, pero creo que sustantiva, qué es lo que dice la academia sobre la pedagogía transformadora, esto es, el estado de la cuestión, sus temas y autores más relevantes. Luego les expondré, también de un modo breve, lo que yo creo que puede aportar la idea de la pedagogía transformadora al avance del conocimiento y la práctica de la educación, que es

---

2. El profesor Ibáñez-Martín tiene recogidas, de forma muy minuciosa, numerosas e interesantes propuestas para la formación del profesorado universitario en "Del profesor de universidad *aficionado* al experto" (Ibáñez-Martín, 2017, pp. 203-222).

lo que realmente nos puede interesar como investigadores de la teoría de la educación. El último apartado, el más extenso e interesante, lo dedicaré a un análisis detenido, fenomenológico, de la idea de cambio en educación.

ESTADO DE LA CUESTIÓN

Conviene recordar de nuevo que las posibilidades de cambio, de transformación, de modificación forman parte esencial de la naturaleza humana. Baste señalar como muestra la obra épica escrita por el poeta romano Ovidio el año 8 d. C., *Metamorfosis* (1992), dedicada por entero a lo largo de sus 15 libros a relatar cómo dioses y mortales experimentan transformaciones físicas y de identidad que otros dioses les provocan bien como premio o bien como castigo. Por eso es interesante recoger las palabras de W. James, para quien una de las peculiaridades más llamativas del ser humano es su facilidad para, de repente, cambiar por entero (1999, p. 178)[3].

Podemos dividir las publicaciones internacionales sobre este tema en dos grandes bloques: por un lado, las que tratan la idea de *transformación como medio* (procedimiento, recurso, estrategia o técnica), y así se habla de 'aprendizaje transformador', 'enseñanza transformadora', 'escuela transformadora', 'profesor transformador' y hasta 'sistema educativo transformador'. Y, por otro, las que se ocupan de la *transformación como objetivo*, efecto, fin o resultado *en* los educandos, bien –según he podido encontrar– desde un punto de vista religioso (James, 1999), antropológico (Callard, 2019), ético (Lambert y Schwenkler, 2020), psicológico (Randell, 2023), psicoanalítico (Phillips, 2021), epistémico (English, 2013) y profesional (Martini Armengol y Vega Rodríguez, 2020).

Hace ya más de 10 años un catedrático de psicología de la educación de la Complutense muy querido, ya fallecido, el profesor Beltrán, en un artículo premonitoriamente titulado para este Congreso, "La educación como cambio" (2013), realizó una distinción muy clarificadora: la educa-

---

3. Aunque no es el objeto de esta conferencia, conviene tener en cuenta que la reivindicación actual de una educación o pedagogía transformadora tiene, indudablemente, su origen en un cierto malestar con la educación (García del Dujo, 2014).

ción como *sujeto* del cambio y la educación como *agente* del cambio. En el primer caso tendríamos todo lo referido a la transformación, innovación o reforma del sistema educativo. Y en el segundo, los efectos transformadores de la acción educativa sobre los educandos.

Hay una línea de investigación relativamente independiente de estas distinciones, pues tiene una entidad propia, muy extendida y desarrollada en nuestro país, con temas concretos, con autores conocidos y con reivindicaciones también muy reconocibles. Me estoy refiriendo a la pedagogía crítica. En mucha bibliografía nacional e internacional la educación transformadora no es ni más ni menos que la que promueve una pedagogía crítica. Por ejemplo, en un libro reciente publicado en nuestro país, McLaren considera que la pedagogía crítica tiene que consolidar y hacer avanzar las "transformaciones educativas y sociales" hacia una "Pedagogía crítica revolucionaria", "una pedagogía de la lucha de clases llevada a cabo a través de múltiples modalidades, antirracismo, antisexismo, la educación contra la homofobia, los estudios críticos sobre discapacidad, etc." (McLaren, 2022, p. 254). En la misma línea, en un artículo aún más reciente, se señala que lo que diferencia a la pedagogía transformadora de los modelos pedagógicos dominantes actuales es que "tiene como esencia la misión de promover la justicia social y desafiar los sistemas opresivos en la educación de la sociedad" (Cappiali, 2023, p. 6).

Otra línea de investigación también muy desarrollada en nuestro país, y con fuertes relaciones con la educación transformadora, es la educación del carácter. Como señalan Bernal y Naval:

> Por consiguiente, es razonable pensar que la educación del carácter es un tipo de educación transformativa, puesto que está orientada a que las personas cambien en sus capacidades hasta el punto de poder liderar sus vidas hacia logros valiosos que redunden en el desarrollo del mundo y de los demás (2023, p. 28).

Conviene señalar también que hay varias revistas especializadas en el tema de este congreso. Tenemos así la *Journal of Transformative Education* y la *Journal of Transformative Praxis*. La primera, con una antigüedad de casi 30 años, se ocupa de promover la comprensión, la práctica y la experiencia de la educación transformadora para estudiantes adultos. La educación transformadora –continúa el texto de la editorial de la revista– se define como un aprendizaje que tiene el potencial de generar un cambio significativo en la forma en que los alumnos experimentan, conceptualizan e interactúan con el mundo (*Journal of Transformative Education*, 2024).

La segunda, más generalista, se dirige a publicar trabajos académicos centrados en la acción participativa, reflexiva y transformadora (*Journal of Transformative Praxis*, 2024).

El texto más citado, y desde el que ha despegado internacionalmente el empuje actual de la línea de investigación de la educación transformadora, es el libro de la profesora de la Universidad de Yale Lori A. Paul, *Transformative Experience* (2014). Ya al principio da la siguiente definición de experiencia transformadora:

> Si una experiencia te transforma lo suficiente como para alterar de manera significativa tu perspectiva, y con ello revisar tus preferencias esenciales o la manera en que vives la experiencia de ser tú mismo, entonces es una experiencia personalmente transformadora (Paul, 2014, p. 16).

En trabajos posteriores de la misma autora, también muy citados, sobre todo en publicaciones más pedagógicas porque pasa de ocuparse de las experiencias transformadoras en general a las educativas en particular, insiste en que "(…) la transformación epistémica sustantiva trae consigo la transformación personal" (Paul y Quiggin, 2020, p. 565). Argumento importante para los que defendemos la relevancia educativa –transformadora– del conocimiento en la escuela.

Otra idea central para esta corriente es que si la educación transformadora es realmente exitosa "no sólo refina o agudiza la visión del mundo" del estudiante sino que "*reemplaza* una visión del mundo inmadura, parroquial, acientífica y ahistórica con una perspectiva razonada, crítica y bien informada sobre la sociedad, la naturaleza y la humanidad" (Paul y Quiggin, 2020, p. 570; cursiva añadida). Esta matización va a ser importante más adelante cuando se refieran a los mormones.

Finalmente, también encontramos en esta línea de investigación las ideas –muy repetidas en numerosos trabajos– de que la educación es un "autodescubrimiento transformador" (Paul y Quiggin, 2020, p. 578), que la "autotransformación es un puzzle" de muy difícil encaje entre deseos y valores (Kemp, 2015, p. 393), o que "la educación es intrínsecamente una experiencia de transformación personal" (Curren, 2020, p. 582).

Cinco aportaciones de la pedagogía transformadora

Es cierto que adjetivar a la educación como transformadora es redundante. Pero también pienso que la idea de cambio, de transformación, nos permite alcanzar una *perspectiva sintetizadora del desarrollo humano, un sentido unitario de lo educativo en el ser humano*. Y esto es importante para la teoría de la educación. En efecto, nos ayuda a consolidar en los educadores la idea de que educar a alguien es siempre cambiarlo, transformarlo, sacar lo mejor de él. O, si se prefiere, que sin cambio no hay educación. Otras versiones: si decimos de alguien que se ha educado, de ese alguien se podrá dar cuenta de sus cambios. Y si, por el contrario, decimos de alguien que no se ha educado, de ese alguien habrá que dar cuenta, o bien de la ausencia de ciertos cambios, o bien del carácter inadecuado de otros cambios. No hay, pues, escapatoria: si piensas la educación, piensas el cambio. Si practicas la educación, prácticas el cambio.

Otra ventaja que tiene el actual empuje de la educación y la pedagogía transformadora es recordarnos acertadamente la importancia del cambio, del desarrollo humano, *como ganancia personal*. Hace poco entrevistaban al académico Muñoz Molina a propósito de su última publicación y hacía estas consideraciones: "Es cierto que las personas tenemos que esforzarnos en la vida para nuestro desarrollo personal, pero eso no es tan determinante en nuestro destino, la garantía mayor de éxito es que tus padres tengan dinero" (Muñoz Molina, 2023). No creo que el empuje actual de la educación transformadora pretenda abultar las cuentas bancarias de los padres.

Por otra parte, al resaltar la experiencia del cambio se favorece también que los educadores no pretendan solo satisfacer las necesidades subjetivas de los niños ni considerar su desarrollo como algo espontáneo, sino acentuar una instrucción y una educación *intencionalmente transformadora*. La idea de transformación provoca, como veremos, algunas controversias, pero parece evidente que nos aleja del romanticismo narcisista del crecimiento espontáneo que termina siempre en un paidocentrismo exacerbado en algunas corrientes pedagógicas. En esta última idea insiste R. Curren al señalar que "(...) la satisfacción de preferencias como tal no proporciona una medida suficientemente independiente u objetiva de la diligencia y el éxito educativo" (2020, p. 582). En efecto, no podemos basarnos solo en las preferencias subjetivas del niño por la sencilla razón de que todavía no tiene un conocimiento objetivo suficiente para saber, de forma anticipada, qué significa vivir una experiencia de transformación personal en una dirección determinada. En definitiva, la idea de cambio o de transformación en pedagogía subraya, acertadamente, que educamos antes a actores que a autores.

Un acierto más de la perspectiva transformadora de la pedagogía es que nos devuelve el interés por relaciones educativas más experienciales (Paul y Quiggin, 2020, p. 569), personales, cercanas, encarnadas, frente a la desmaterialización de las nuevas tecnologías (Sánchez-Rojo *et al.*, 2024). En efecto, el pensamiento pedagógico actual parece querer recuperar mediante la educación transformadora la idea de las experiencias educativas como acontecimientos singularmente personales (Bárcena y Mèlich, 2015) que se viven en relación directa, no tecnológicamente mediada, con los demás, cara a cara. Se trataría, pues, de salir más veces al patio que de ir a la sala de los ordenadores. Y es que, sin la mirada, la educación pierde toda su profundidad (Solé-Blanch, 2024; Thoilliez, 2019).

Finalmente, la principal aportación de la pedagogía transformadora radica, a mi juicio, en que obliga a los educadores a volver a reflexionar en torno a la idea de *la educación como cambio de estado deseable*. Esta 'definición de trabajo', nos plantea ya dos cuestiones esenciales a investigar que se encuentran en los extremos de ese cambio de estado. Por un lado, la base de ese cambio, su punto de partida, su condición de posibilidad, en definitiva, el significado pedagógico de la naturaleza humana. Ya Séneca en las *Cartas* se preguntaba: "el accidente que sobreviene a un ser, ¿se encuentra fuera del ser al que sobreviene o dentro de él?" (CXVII). Por otro, en el punto de llegada, la necesidad de justificar las verdades prácticas que tratan de proponer las mejores condiciones encauzadoras a la plenitud humana (Ibáñez-Martín, 2017) o, lo que es lo mismo, la fundamentación de lo deseable en el ser humano en tanto que educando. Pues bien, la tarea singular de la pedagogía está entre estos dos puntos: en el cómo nos vamos *desplegando*, floreciendo, en definitiva, en cómo conseguimos que el ser humano pase de un estado A a un estado B, siendo B la mejor expresión de sí mismo[4].

PLANTEAMIENTO

En este apartado, el más amplio, vamos a poner la idea de cambio en el centro del pensamiento pedagógico. Vamos a retomar algunos fundamentos de la educación desde la idea de cambio.

La explicación epistemológica de este propósito sería la siguiente. Considero que una teoría de la educación, en tanto que teoría, debe buscar *la unidad pedagógica de todo lo educativamente existente y posible*. La unidad pedagógica sería en este caso el cambio. Pero, por otra parte, considero que una teoría de la educación, en tanto que educación, tiene que estar encarnada en la realidad actual. Necesitamos una teoría de la educación atenta a los problemas prácticos. Por eso tenemos que llegar a esos fundamentos que decíamos antes pero desde las tensiones actuales, desde las controversias que más preocupan hoy a los investigadores y a los educadores.

Lo que sigue, pues, se estructura en una serie de apartados que explorarán las condiciones que hacen posible la noción de cambio deseable en la educación, teniendo en cuenta algunas de las controversias más extendidas: *No hay cambio sin permanencia y permanecer como humano es querer cambiar a mejor; Sin límites no hay cambio; La naturaleza humana no es la que impide los cambios sino la que los posibilita; Al cambio no le sienta bien la obsesión por el cambio (Todo cambio es bueno o deseable; El mejor*

---

4. Para los pocos a los que les sigue interesando la epistemología pedagógica podríamos decir que necesitamos, como punto de partida, aproximarnos a una *teoría pedagógica de la naturaleza humana*, y, por otro, como punto de llegada, a una *teoría ética de la formación humana*.

cambio es el que más exalte lo diferente; *Siempre es mejor lo que no has vivido*); *El cambio sin mediaciones*; *Gestionar el cambio no es educación* y, por último, *El cambio educativo no se ajusta a la teoría de la toma de decisiones*. El orden de exposición será el mismo.

Como corresponde a un trabajo de teoría de la educación, cada apartado, cada controversia, terminará con la propuesta de un sintagma normativo.

PRIMERA CONTROVERSIA: NO HAY CAMBIO SIN PERMANENCIA Y PERMANECER COMO HUMANO ES QUERER CAMBIAR A MEJOR

En efecto, sólo podemos decir que algo ha cambiado si algo permanece. Es el llamado principio de identidad, que tiene su expresión tanto en la lógica como en la vida: cada ser ha de permanecer idéntico a sí mismo para poder seguir siendo. Parece que sobre este tema el profesor Millán-Puelles contaba el siguiente chiste: "vas por la calle y te encuentras con un supuesto amigo que te dice 'hombre fulanito cuánto has cambiado' y le contestas 'pues mucho porque no soy fulanito'". Cada ente tiene su propia esencia que lo hace ser lo que es y que, por tanto, frente a todos los cambios o transformaciones posibles para poder seguir siendo lo que es, ha de ser reconocible para nosotros en su identidad. Como explica Bellamy,

> Si no existiera una esencia de la abeja, ¿cómo podríamos dar el mismo nombre a esas realidades tan diversas que aparecen en nuestra experiencia sensible? Si la idea de hombre no existe, invisible pero inmutable, ¿cómo reconocer una común humanidad? Incluso mi propia persona, si en ella no hay algo que permanece, ¿cómo podría yo ser hoy el mismo que era ayer o hace treinta años? (2020, p. 20).

Sin el principio de identidad cualquier afirmación sería inmediatamente anulada por la transformación o el cambio constante de cada cosa. En definitiva, "(s)olo algo que permanece se puede transformar"(Millán-Puelles, 1967/2014, p. 311/p. 223).

Ahora bien, ¿qué supone esto para un educador? ¿Qué implicaciones tiene para la pedagogía? Podemos enunciar así el primer principio normativo: *permanezco en lo que soy cuando me empeño en alcanzar mi máximo desarrollo en lo que soy*. Educarse es así, siempre, *exigirse* para la superación de sí mismo. Otra forma de decirlo es que el educador ha de mirar al educando en lo que es y en lo que todavía no es y en ese *no-ser-todavía* se contiene, al mismo tiempo, su permanencia y su cambio. A ese "exigirse" Guardini lo llamaba "impulso formativo" (2020, p. 57), y nosotros podríamos decir "impulso transformador":

> sólo puedo realizarme vivamente a mí mismo si voy más allá de mí mismo hacia lo que no soy, hacia el ser frente a mí: hacia las cosas, hacia las personas, hacia las ideas, hacia las obras y tareas. Llego a ser yo mismo sólo cuando tomo ese ser por objeto, por contenido de mi vivir, y vivo entonces en él, por él y de él (p. 56)[5].

Así pues, lo que soy, lo que permanece en mí, es precisamente el impulso formativo, la persistente exigencia de querer cambiar, de "querer seguir siendo, querer ser más, querer ser de forma más segura, más plenaria, más rica en posibilidades, más armónica y completa" (Savater, 1995, p. 17). Cada ser es en sí y para sí la plenitud de su fin. Y en la búsqueda de esa plenitud se encuentra tanto la permanencia en el cambio como la necesidad permanente de cambiar a mejor.

Segunda controversia: la naturaleza humana no es la que impide los cambios sino la que los posibilita

Sigamos avanzando. Lo que permanece y lo que limita el cambio es la idea que tengamos sobre la naturaleza humana. La naturaleza o condición humana es el fondo y el horizonte del cambio en educación. Por eso en la mayoría de los textos académicos sobre pedagogía transformadora el cambio se identifica con 'desarrollo', 'florecimiento' o 'despliegue'. En

---

5. Excurso para los pedagogos que flaquean en la defensa orgullosa de sus estudios: "(…) cómo se lleva a cabo esa realización; cuáles son sus fenómenos particulares; qué la fomenta y qué la obstaculiza; qué técnicas favorecen el proceso: en suma, la investigación metódica de todo ello constituye precisamente la pedagogía como ciencia" (Guardini, 2020, p. 73).

perspectiva educativa 'cambiar' o 'transformar' no es sinónimo de 'crear', 'inventar', 'fabricar' o 'construir', sino de ayudar a alcanzar el máximo desarrollo y, por tanto, también el mejor ejemplo para los demás de lo que puede conseguir un ser humano concreto. De este modo, para un educador, la naturaleza humana, lo que somos, no debe ser contemplado como un impedimento, como una limitación para cambiar sino, precisamente, como lo que posibilita e ilumina los cambios. En este sentido, la esencia humana no frena las transformaciones, sino que las permite.

> No estoy hecho del todo, pero tampoco estoy del todo por hacer, y aquello que está hecho ya en mí mismo –no por mí, sino en mí– lo está de tal manera, que me confiere la posibilidad-necesidad de hacer opciones. Lo que en mí y a mí mismo me confiere tal posibilidad-necesidad ya está hecho del todo: es mi ser sustancial, radicalmente fáctico, que, como tal, no puede estar semi-hecho. Pero yo no soy únicamente mi propio ser sustancial, sino también lo que libremente voy haciéndome *como sujeto activo de mis opciones, aunque a la vez como sujeto pasivo de mi peculiar 'necesidad' de hacerlas* (Millán-Puelles, 1967/2014, p. 412/p. 292; cursivas en el original).

En definitiva, educar es saber desvelar acertadamente la cuestión antropológica *que está en juego*. Y lo que se pone en juego es poder alcanzar la mejor expresión de sí mismo. La pedagogía y la educación transformadora son entonces, principalmente, problemas teóricos y prácticos de carácter antropológico. Según como piense el educador a qué está llamado el educando así se desarrollará la educación. Los cambios en educación se piensan antropológicamente o no son educación. De hecho, un sistema educativo es eso: una clase masiva de antropología para las nuevas generaciones centrada en explicarles quiénes son y a qué están llamados a ser; en concreto, una lección magistral y participativa sobre los cambios de estado deseables.

Si, por el contrario, se considera –como ocurre hoy en un amplio sector de las ciencias sociales– que la condición humana es una entera construcción sociocultural, entonces educar seguirá siendo un cambio pero no de 'desenvolvimiento', 'desarrollo' o 'florecimiento' sino de 'creación'. El error de este planteamiento es que suprime la posibilidad de enjuiciar nada que vaya más allá de las modas y mayorías del presente porque suprime la idea de límite, de fondo estable, de punto de partida y, sobre todo, de horizonte, con lo que educar termina convirtiéndose en un acto de violencia, de manipulación o de gestión de los intereses hegemónicos. En efecto, si no hay naturaleza humana y todo es una construcción social ¿en qué consiste entonces educar? ¿Desde dónde valoramos los cambios? ¿A qué quedaría reducida la normatividad pedagógica? Como nos recuerda el profesor Ibáñez-Martín "(…) si no hubiera verdad alguna sobre el ser humano podríamos hacer con él lo que nos diera la gana, en la medida en que fuéramos poderosos" (2017, p. 21).

Podemos enunciar así el segundo principio normativo: *el cambio educativo nos describe pero también nos descifra, nos interpreta pero también nos interpela, es reflejo y espejo.*

TERCERA CONTROVERSIA: SIN LÍMITES NO HAY CAMBIO

Esta controversia se origina cuando se mantiene la idea equivocada de que los mejores cambios se alcanzan cuando no hay límites. La actual mística de la autenticidad, enemiga de todo convencionalismo, se entona casi siempre con un "sin límites".

Está claro que la defensa de límites no está muy bien vista, tampoco la capacidad de limitarse, de contenerse, sobre todo, si se trata de expresar emociones ("suéltalo, no te lo dejes dentro"). Lo que se aplaude hoy es el horizonte de vida sin restricciones: "hasta el infinito y más allá". De hecho ya parece contraintuitiva la sentencia de Goethe (1986) "limitarse es extenderse", recordada últimamente por Gomá (2023, pp. 43 y ss.), o la regla número 8 de *El arte de ser feliz* de Schopenhauer: "la limitación nos hace feliz" (2018, p. 30). Por el contrario, lo que se tiende a considerar es que todo lo que te limita te impide cambiar, que los límites son una "herida" (Bellamy, 2020, p. 150), un freno, un impedimento, un obstáculo. Y ¿quién quiere vivir con heridas, frenos, impedimentos u obstáculos? Nadie. Por eso "(t)odo límite debe ser desafiado" (Bellamy, 2020, p. 137) porque dificulta e impide tanto el cambio social –el progreso, el futuro– como el cambio personal –el desarrollo de un yo auténtico y liberado. Cualquier límite se convierte así finalmente en indeseable, en nuestro enemigo porque es nuestro freno, nuestra *limitación*. Lo que hay que hacer, pues, para curarse, para sanar humanamente, es oponerse a ellos, luchar contra las normas y los límites y, especialmente, contra quienes los defienden. Hasta se ha llegado a sostener por, a mi parecer, una de las mejores cabezas pedagógicas de nuestro país, el profesor Trilla, que los educadores que buscan poner límites son reaccionarios (Trilla, 2018, p. 82 y ss.). No ha de extrañarnos entonces que en el imaginario pedagógico de muchos educadores la educación se contemple no como "(…) un proceso de aprendizaje de lo que de humano tienen los *límites*, sino, precisamente, para algunos, en un aprendizaje de lo que de *deshumano* tiene ponerse límites" (Gil Cantero, 2018, p. 44; cursivas en el original)[6].

Nuestra propuesta, por el contrario, es que para entender bien las posibilidades educativas de la idea de cambio es necesario vincularla con la idea de límite. La vinculación a la que nos referimos es de tipo antropológico, no administrativa, no meramente ordenadora de una actividad mediante restricciones (Reyero y Gil Cantero, 2019). En efecto, cuando unas reglas o normas limitan una actividad están definiendo constitutivamente las posibilidades de realización o limitación de esa misma actividad, por lo que, si están bien puestas, facilitarán la apropiación de los bienes internos de la misma y, por tanto, el desarrollo humano. Sin las reglas que impone, por ejemplo, el balé clásico, el ajedrez, la democracia o la fidelidad en el amor y la amistad, no tendríamos ni balé, ni ajedrez, ni democracia, ni amor, ni amistad. Cumpliendo las reglas de jugar al ajedrez es cuando mejor se entiende el ajedrez; ateniéndose a las reglas de un tango surge la belleza armoniosa del movimiento; las normas de respeto a lo sagrado acercan a la experiencia del misterio… No existen las experiencias o las

---

6. Sobre el ideal moderno de vivir todas nuestras experiencias al límite y sus consecuencias: Tristan García. *La vida intensa. Una obsesión moderna.* Herder, 2016; Byung-Chul Han. *La vida contemplativa. Elogio de la inactividad.* Taurus, 2023; Josep María Esquirol. *La escuela del alma.* Acantilado, 2024; Carlos Javier González Serrano. *Una filosofía de la resistencia. Pensar y actuar: contra la manipulación emocional.* Destino, 2024; Teresa Langle de Paz. *Un instante de verdad. Un ensayo sobre el sosiego.* Ático de los Libros, 2024; Jorge Freire. *Agitación. Sobre el mal de la impaciencia.* Páginas de Espuma, 2020; Laurent Vidal. *Los lentos. La resistencia a la aceleración de nuestro mundo del siglo XV a la actualidad.* Errata Naturae, 2024.

actividades puras de sentido, sin mediaciones, sin el respeto por sus propios límites. Más aún: la realidad sólo puede percibirse por los contornos de sus límites, sin ellos no podemos *ver* nada. Sin límites no hay realidad (Gil Cantero, 2021).

Por supuesto que podemos cambiar las reglas del ajedrez pero, entonces, ya no será ajedrez. Puede incluso que inventemos un nuevo juego, aún más divertido, pero para vivir esa nueva diversión habrá, en cualquier caso, que respetar otros límites. Y, finalmente y lo más revelador, *puede que al dejar de jugar al ajedrez perdamos algo importante para el entretenimiento y aun el desarrollo humano*[7]. De este modo, los límites, las limitaciones, las reglas, las normas, las leyes no han de ser vistas sólo como una *condición externa*, unas propuestas arbitrarias, un acto administrativo para poner orden, un 'traje-de-quita-y-pon', sino que, desde el punto de vista antropológico, son una *condición interna*, constitutiva, necesaria, que promueve o, en su caso, dificulta el desarrollo humano.

Podemos enunciar así el tercer principio normativo: *los límites marcan la dirección educativa del cambio.* Dicho en largo: *las posibilidades educativas de cualquier cambio van a depender de la sabiduría que tenga el educador para poner o quitar en la práctica los límites que sean del caso.* Es verdad que nunca podemos estar seguros de si con nuestras elecciones de límites educativos estamos acertando o no. Pero no cabe ninguna duda que tiene total sentido pedagógico que un adulto pueda afirmar: *"Me educaron bien, supieron ponerme en cada situación los límites necesarios"* o, al revés, *"Me educaron mal, no supieron ponerme en cada situación los límites necesarios"*. Y lo mismo para las versiones: *"Me eduqué bien, supe…"*; *"Me eduqué mal, no supe…"*

---

7. Hemos propuesto en otra publicación que una de las tareas principales de los pedagogos estriba en mantenernos alerta para ir elaborando lo que podríamos llamar una teoría de las pérdidas o de las trampas educativas (Gil Cantero, 2022, p. 28).

CUARTA CONTROVERSIA: AL CAMBIO NO LE SIENTA BIEN LA OBSESIÓN POR EL CAMBIO

¿Cuál es el colmo del cambio en educación? Que el cambio se tome a sí mismo como fin. Cuando la idea de cambio se convierte en un fin cae en cuatro errores: todo cambio es bueno o deseable; el mejor cambio es el que más exalte lo diferente; siempre es mejor lo que no has vivido y, por último, el cambio se sostiene a sí mismo o el cambio sin mediaciones. En los cuatro casos la imaginación gana por goleada a la realidad.

Enunciaré conjuntamente al final los enunciados normativos de cada error que completan esta cuarta controversia.

1. *Primer error: todo cambio es bueno o deseable*

Se denomina 'optimismo metafísico' a la posición que mantiene que todo cambio es bueno o deseable. Su variante política es el progresismo reformista.

Las reflexiones pedagógicas deben tener cuidado con este planteamiento porque es un sistema de pensamiento invasivo que puede dominar nuestro entendimiento al dejarnos atrapados siempre en las posibilidades imaginadas mientras nos aparta de la atención a lo real hasta el punto de despreciarla y aun odiarla. Es importante atender al matiz de que no se trata sólo de aceptar que, por supuesto, las cosas cambian ('los tiempos corren que es una barbaridad'), sino de mantener que lo que constituye el ser de las cosas, y aun la excelencia de su valor, es que se transformen o cambien. Como argumenta Luri, las "(…) innovaciones tecnológicas han permitido que en la conciencia de los ciudadanos el sentido de lo posible vaya creciendo a costa del sentido de lo real" (2019, p. 187).

Mucha literatura de la educación transformadora mantiene este error porque considera que la idea de la transformación es la esencia de la pedagogía, la que le da el mejor sentido y dirección. No puedes ser buen educador si te limitas a hacer lo que hace todo el mundo. Hacer pedagogía es poner todo patas arriba. De este modo, lo común, las costumbres, las rutinas, los hábitos, la tradición, 'lo de siempre', se considera limitante y aburrido. *¿Hacer un dictado? ¿Dar una clase magistral? ¿Memorizar una poesía? ¿Usar la pizarra y la tiza?...* Son prácticas, como diría mi hijo pequeño, 'aburriiiiiidas'. *¿Hablar de lo común, de las rutinas, de la disciplina, de los hábitos o de la tradición?* Son, para algunos, términos limitadores, encorsetadores, antiguos. Por supuesto, todo este planteamiento tiene el aplauso entusiasta de los mercaderes del mundo educativo con su estrategia habitual de la "obsolescencia percibida".

Una propuesta filosófica para favorecer la perspectiva permanente de cambio es el lenguaje E-Prime, con la supresión de los verbos 'ser' y 'estar' y de las referencias a 'yo soy ' o 'tú eres'. Como dice Wilson (2017), su creador: "'Es', 'es', 'es': la idiotez de la palabra me persigue. (…) No sé qué 'es' nada".

Los psicólogos ya están investigando como rasgo desequilibrante de la personalidad la *neofilia*, la atracción desmedida por las experiencias novedosas y el consiguiente rechazo de toda tradición o repetición.

¿De dónde surge este error? Creo que en el fondo hay una clara conexión entre el positivismo tecnológico, el constructivismo psicológico y las posiciones filosóficas transhumanistas (Gaviria, 2024; Gil Cantero, 2022). En efecto, si todo es construido y, por tanto, transformable, entonces, se sigue de suyo que para vivir, para sentir que uno está vivo, en fin, para cualquier cosa, también para ser un buen educador, hay que cambiarlo todo[8].

2. *Segundo error: el mejor cambio es el que más exalte lo diferente*

Sigamos avanzando. Si todo cambio es bueno o deseable ¿cuál es el mejor cambio? El que contenga, en sí mismo, más cambio, esto es, el cambio más radical, más estrafalario, más distinto, más transgresor, más llamativo, más inesperado, en fin, el más ruidoso.

---

8. En esta búsqueda constante de experiencias de agitación, de estremecimiento, de emociones desbordantes, de acontecimientos inesperados y sorprendentes, de sacudidas interiores creo que late, en el fondo, por un lado, un profundo aburrimiento, un cansancio existencial, un tedio frente a los ritmos de la vida y las edades naturales del hombre (Guardini, 2000), y, por otro, una gran soberbia y arrogancia de poder provocar los cambios que queramos en todo, sean cosas o personas (Hadjadj, 2018).

El conocido en el mundo por *El hombre tigre* se ha creído literalmente este error.

Lo mismo le pasa al *El hombre alien*.

Parecen estar diciéndonos: 'Soy más yo mismo cuanto más diferente soy'.

Hablando de Alien, tiene su gracia que la actriz Sigourney Weaver (1967) escribiera sobre su fotografía en el anuario del instituto "(p)or favor, Dios, por favor, no me dejes ser normal".

La explicación de este error se encuentra en que, como explica Gomá, "(L)a conciencia romántica quiso convencernos de que la esencia de nuestra individualidad estriba en la extravagancia […]: soy yo mismo sólo cuando soy diferente o especial" (Gomá, 2014, p. 142). Y de la extravagancia es muy fácil pasar a la transgresión "(…) creyendo liberadora cualquier insignificancia pretendidamente provocadora" (Luri, 2021) o haciendo "(…) de cualquier profanación virtud" (Weaver, 2008, p. 42). Es lógico que se razone así. En efecto, si mi identidad y su valor depende del reconocimiento que los demás hagan *de lo diferente en mí*, es muy probable que, sin la madurez necesaria, me dirija "(…) a hacer lo contrario de lo que se hace, de lo que hace el individuo normal" (Capograssi, 2015, p. 84).

La idea de educación ha pasado así de concebirse como un proceso de aprendizaje de lo común humano a un proceso de aprendizaje para ser diferente y único. Los padres y profesores más despistados les dicen a sus pequeños "tenéis que ser lo más diferentes, especiales, y distintos que podáis". Esta sobrevaloración de lo diferente como medida del valor educativo del cambio hace tambalear las excelentes posibilidades educadoras que contiene la ejemplaridad de lo común. De este modo, educar ya no es imitar ni, mucho menos, emular, sino aprender a ser distinto. Por eso han desaparecido los discursos sobre héroes y santos (Redeker, 2020): porque la admiración y la imitación están mal vistas.

3. *Tercer error: siempre es mejor lo que no has vivido*

Este error se produce cuando se considera que no es posible alcanzar una vida lograda si se permanece en la que te ha tocado vivir.

Hoy hay una clara mirada condescendiente al hijo de labradores que se hace también labrador, o a la hija del frutero del barrio si *elige* seguir con la tienda. De hecho, se tiende a considerar, en ocasiones, *que realmente no han elegido*, incluso que siguen ahí porque han fracasado en otras posibilidades vistas, casi siempre, como mejores.

Esta es una perspectiva muy extendida también en la literatura sobre la educación transformadora. Por ejemplo, en el trabajo de Paul y Quiggin (2020), de los más citados en nuestra área de conocimiento, se relata como ejemplo de transformación exitosa, de cambio acertado, el caso de una mujer joven, hija de mormones, que descubre otro mundo diferente, abandona su casa y se va a estudiar a la universidad. No sé si los autores tenían esta intención, pero la conclusión a la que se puede llegar es que todos los mormones que no se transforman, alejándose de su comunidad, no están educados, no pueden llevar una vida lograda[9].

Este error se manifiesta también en lo que los psicólogos han denominado FOMO (*fear of missing out*), el 'miedo a perderse algo', el miedo a dejar de ser 'moderno', a no estar a la altura del momento, de las modas, a quedarte quieto, sin cambios relevantes, y, por tanto, a tener la impresión de estar retrocediendo. La versión pedagógica de este error queda bien representada por la conocida paradoja de Joel Feinberg (1980): si influimos de forma muy relevante en nuestros educandos podemos impedirles *un futuro abierto*.

Una vida centrada en perseguir siempre, incansablemente, otras posibilidades distintas a las recibidas de tu tradición es una vida sin densidad, en la que en realidad no emprendes *nada* porque nunca te sientas, nunca te paras, nunca permaneces, nunca estás, nunca profundizas. Es un error perseguir el 'movimiento por el movimiento'[10]. Muy al contrario, la esencia de la educación como cambio solo puede saborearse en la inserción plena que proporciona un enraizamiento en una tradición, en un lugar, con una vivencia concreta de los ritmos de la vida y, sobre todo, con unos vínculos personales fuertes y estables. "(…) (e)xperimentar una transformación no es principalmente una cuestión de ser cambiado personalmente, sino de ser incorporado en una comunidad y tomar conciencia de que tal comunidad proporciona la base para cualquier transformación, incluso la individual" (Novakovic, 2023, p. 19).

Por eso, la recomendación que podemos dar para ayudar a los estudiantes a definir su identidad es que son mejores los entornos que les ani-

---

9. Precisamente esto es lo que acertadamente cuestiona Edward A. David (2023) de Jack Mezirow (2008) –iniciador de la corriente del *aprendizaje transformador*: que se entienda que un aprendizaje es realmente transformador cuando se superan las identidades morales individuales por consensos, esto es, cuando se suprimen los disensos.

10. "Hay dos formas de llegar a un lugar. La primera de ellas consiste en no salir nunca del mismo. La segunda, en dar la vuelta al mundo hasta volver al punto de partida" (Chesterton, 2009, p. 11).

men a comprometerse con lugares, personas y prácticas *concretas* que los organizados en torno a una libertad ilimitada para hacer siempre algo nuevo y distinto[11]. Y, del mismo modo, la mejor recomendación que podemos dar a los educadores con respecto a la ansiedad de lo nuevo en la enseñanza es que tiene mucho más alcance pedagógico pensar en "variaciones" de las actividades educativas –al estilo de las versiones musicales– que en innovaciones (Thoilliez, 2023b).

4. *Cuarto error: el cambio sin mediaciones*

El cambio educativo va a depender de las prácticas en las que estamos insertos. No hay cambio sin mediaciones. No hay cambio si no cambian las prácticas. De hecho, si cambian las prácticas no puedo evitar el cambio. Tampoco soy yo quien decide qué prácticas conllevan qué cambios (Kemp, 2021, p. 611 y ss.; MacIntyre, 2001, p. 81 y ss.). Y aún hay más: tampoco puedo saber cuándo las nuevas experiencias o prácticas empiezan a cambiar mis preferencias, esto es, a cambiarme. No se puede cambiar en el vacío. Necesitamos mediaciones o prácticas *concretas*[12]. La identidad personal no es algo que elijo e intercambio a mi antojo sino que depende directamente de las prácticas o experiencias en las que me inserto (Paul, 2015a, p. 801 y ss.). No puedo chascar los dedos y cambiar. Necesitamos prácticas significativas para poder reconocer en ellas bienes relevantes.

También me parece inadecuado plantear el cambio educativo desde una única experiencia o práctica por muy extraordinaria que sea. De hecho, los procesos traumáticos son cambios, pero no educativos. Es cierto, todos lo hemos experimentado, que en ocasiones una experiencia de asombro, de

---

11. Esta confesión es muy reveladora: "Estoy pensando en personas como yo, niños de clase media alta de los suburbios que no tienen una cultura reconocible, ni rituales profundos y sustantivos que fundamenten un fuerte sentido de sí mismos. Consumimos cosas y nos 'gustan' las cosas, pero no hacemos nada por lo que valga la pena, digamos, morir (...). Estos estudiantes carecen de prácticas significativas de construcción de valores" (Kemp, 2021, pp. 615-616). En la misma línea de razonamiento recuérdense las tesis de R. Brague acerca de que el impulso de autodeterminación de la modernidad carece, en realidad, de un auténtico motivo para vivir (2019, p. 7 y ss.)

12. Por eso es tan relevante la aportación del profesor Touriñán con lo que denomina 'Pedagogía mesoaxiológica' (2023).

sorpresa, el párrafo de un libro, la palabra de un amigo, una puesta de sol, la visión de una película, etc., puede llegar a provocarnos una sacudida interior, una agitación, un estremecimiento. También conocemos las experiencias de conversión religiosa (James, 1999). Siendo esto verdad, considero que el planteamiento más prudente de entender el cambio que implica la educación y el aprendizaje (Heddy y Pugh, 2015) es una sucesión continua de actividades, de mediaciones, de experiencias, que vayan mejorando poco a poco, con el tiempo necesario para asentarse, generalizarse en hábitos y virtudes estables y conseguir así que florezcan las mejores posibilidades de desarrollo del sujeto.

Puedo percibir intuitivamente, y aún de golpe, un bien, ya sea algo bello, bueno, justo o verdadero, pero para encarnarlo en mí, para *avalorarme* con él, necesito insertarme en una tradición con prácticas continuas y repetitivas que representen ese bien. No nos educamos, no cambiamos sólo a través de golpes de suerte. No podemos moldear nuestro yo a nuestro antojo, ni controlarlo, ni vivir de golpe otros valores, ni amanecer con nuevos gustos sin un proceso de aprendizaje largo y exigente. Los lunes están los propósitos pero los resultados vienen después.

Ya nos enseñó Aristóteles (1985, 1106a-1106b) que las virtudes no son facultades sino modos de ser, esto es, hoy diríamos disposiciones de carácter, habilitadoras de un modo de estar, de permanecer, de consolidar, de arraigar, que necesitan tiempo, esfuerzo persistente y práctica. Eso sí, una vez logradas "(l)as virtudes son herramientas de automantenimiento", es decir, nos llaman "(…) *a ejecutar de manera confiable las prácticas centrales que sustentan nuestros valores fundamentales*" (Kemp, 2021, p. 612; cursiva en el original).

* * *

Reuniendo los cuatro errores analizados podemos enunciar los siguientes principios normativos: *El cambio por sí mismo no es argumento de su valor educativo*; *El cambio en educación no consiste en aprender a ser diferente sino mejor*; *Permanecer en la tradición recibida también es cambio educativo* y *El cambio educativo te lo provocan los cambios de actividades, no tu voluntad*.

QUINTA CONTROVERSIA: GESTIONAR EL CAMBIO NO ES EDUCACIÓN

La idea que quiero defender en este punto es que el cambio educativo no es una mera gestión u organización de bienes o fines. Si es cambio educativo es más una *aceptación* de esos bienes, una forma de *rendirte*, de *dejarte arrastrar*. W. James lo explica así:

> En la mayoría de los casos, cuando la voluntad ha hecho lo máximo con el fin de conducir al hombre lo más cerca posible de la unificación a la que aspiraba, parece que el último paso ha de ser realizado por otras fuerzas sin la ayuda de su actividad. Dicho de otro modo, la *autorrendición se hace entonces indispensable* (James, 1999, p. 162; cursiva añadida).

Creo que uno de los errores actuales más extendidos en la pedagogía consiste en reducir la formación humana, el cambio, la educación, a una especie de gestión de fines. Es lógico que hayamos llegado a esta idea, pues uno de los efectos positivos de la modernidad ha sido valorar la autonomía en la capacidad para elegir o desechar fines. Así, la imagen que todos tenemos de un sujeto educado, maduro, es que destaca por ser independiente, que actúa bajo sus propios criterios con respecto a cómo quiere vivir. Creo que todo esto es verdad pero no es toda la verdad. El punto de discordia que les quiero plantear puede intuirse en que por muy libre y autónomo que seas para elegir entre diferentes fines puede que lo acertado sea no optar por ninguno, esto es, lo más opuesto a la gestión. En fin, es como creer que por seleccionar en un menú el plato que nos queremos comer se sigue, de suyo, que nos va a gustar y sentar bien.

El machismo ¿se gestiona?, el respeto ¿se gestiona? La lealtad al amigo ¿se organiza según para qué? La aspiración al cambio que plantea la educación es algo mucho más profundo. El sujeto educado no es solo el que sabe elegir de modo independiente entre un conjunto de posibilidades, al modo de una lista de la compra. El sujeto educado es el que tiende a ver y a elegir lo que le hace ser mejor, *le guste o no*. El sujeto educado es el que es capaz de percibir la incondicionalidad de los valores humanizadores. El sujeto educado es el que reconoce, antes que nada, la necesidad de respetar ciertos límites en vez de tratar de gestionarlos en su propio interés o en el de otros.

Educar no es sólo aprender a gestionar qué límites, fines, normas, reglas o valores me interesan más o menos según las circunstancias y los objetivos que me planteo. Educar no es medir ni calcular (cfr. Biesta, 2024; Gil Cantero, 2020, p. 25; 2022, p. 28; cfr. Sánchez Rojo y Gil Cantero, 2020, p. 45 y ss.). Educar no es gestionar. Educar no es hacer gestores. Educar es *dejarse cambiar* ante la llamada de los bienes que resuenan, que tintinean, en algunos fines, límites o valores. Educar es un quehacer, una tarea, una acción esencialmente inmanente, que nos transforma por dentro, que nos hace mejores o peores. Por tanto, lo importante de los fines no es el aprendizaje de su gestión sino la apropiación de los bienes internos que los constituyen.

> (L)a idea de fondo es la siguiente: la capacidad de reconocer y actuar de acuerdo a *deberes que no hemos elegido*, y no la habilidad para negociar o suscribir acuerdos, indican que se posee un carácter más profundo y que es digno de confianza (Scruton, 2018, p. 129; cursiva añadida).

Cuando tratamos de educar para evitar el machismo, por seguir con el ejemplo anterior, no estamos buscando que el sujeto *aprenda* una forma de gestionar el machismo. Tampoco nos conformamos con que se someta a regañadientes a ese límite. No. Se trata, más bien, de reconocer que la plenitud del cambio educativo radica finalmente en sintonizar, dejarse cambiar, arrastrar, rendirse, postrarse ante los bienes que contienen algunas acciones humanas. Bienes que se nos imponen no por haberlos elegido, gestionado o acordado. Von Hildebrand lo explica así:

> Sin demandar previamente nuestro consentimiento, lo bueno se presenta ante nosotros exigiéndonos, pasando por encima de nosotros con soberana majestad, y el compromiso absoluto que nos vincula a lo bueno no procede de ningún acto libre, sino que tiene su origen en la propia naturaleza del valor (2002, p. 105).

El principio normativo de esta controversia está bien claro: *Educarse no es aprender a gestionar el cambio. Educar es aprender a dejarse cambiar*.

Sexta controversia: El cambio educativo no se ajusta a la teoría de la toma de decisiones

Tenemos que tratar en particular esta perspectiva pues es una de las más extendidas en la literatura académica sobre la pedagogía transformadora.

La teoría de la decisión parte de las preferencias del sujeto y le atribuye a cada una de ellas una probabilidad de realización, siendo la causa de la decisión final la maximización de la satisfacción del deseo. En un capítulo de la serie *The Good Doctor*, Murphy hace un cuadro de doble entrada entre ventajas e inconvenientes para elegir entre dos posibles novias. El cambio educativo no es así. Veámoslo brevemente.

Para Paul –de quien ya hemos dicho que es la autora más citada sobre pedagogía transformadora– la teoría de la toma de decisiones se encuentra con la limitación que denomina "dilema epistemológico de la perspectiva", consistente en reconocer que hay situaciones en las que la única forma de conocer las implicaciones reales de una elección es experimentarla. El ejemplo que más desarrolla –y que ha sido ampliamente comentado en numerosos textos– es la de ser padres: antes de tener hijos, no puedes conocer completamente las implicaciones transformadoras de la paternidad. "Concluyo –dice la autora– que tomar la decisión de tener tu primer hijo, en algunos casos, es como llegar a ser un vampiro" (Paul, 2014, p. 82). Solo al experimentar directamente la crianza de un hijo adquieres un tipo de conocimiento que no estaba disponible antes de tomar esa decisión. Por eso señala con acierto que hay decisiones sobre las que no se puede aplicar un "(...) estándar normativo de racionalidad" (...) pues estás "(…) procediendo sin la evidencia suficiente para evaluar los resultados de tus deseos" (p. 83)[13]. A Murphy le va a pasar igual con la elección de su novia. Y creo que a todos con cualquier cuestión: en ninguna toma de decisiones es posible tener la evidencia de todo, por eso se llaman *decisiones*.

Creo que Paul sigue inmersa, a pesar de todo, en la idea de relacionar el cambio personal con el cuadro de doble entrada de la mirada positivis-

---

13. La mejor discusión sobre esta cuestión, con destacados autores y ejemplos divertidísimos, está en Paul (2015a, 2015b) y en Villiger (2021, 2023).

ta de Murphy. Toda decisión lleva aparejada, es verdad que con mayor o menor grado, la paradoja señalada, pues nunca podemos anticipar por completo la experiencia vivida del futuro cambio. Pero lo más relevante es que, aunque pudiéramos experimentar de forma anticipada en nuestra propia piel y estilo de vida las diferentes opciones, tendríamos que tomar finalmente una decisión. Decisión que, además, tampoco viene finalmente dada por calcular las sumas o restas que proporcionan las ventajas e inconvenientes de, por ejemplo, ser padres. En fin, con cuadros de doble entrada la humanidad no habría tenido nunca ni héroes ni santos ni inventores ni artistas y, si se piensa en algunas adolescencias, tampoco hijos.

A la niña de Madrid de 6 años que todavía no ha visto el mar, que no ha embarcado nunca y que, sin embargo, sale de su primera clase de Ciencias Naturales con el firme propósito de ser bióloga marina en la Antártida ¿le decimos que su decisión no es racional, que adolece del 'dilema epistemológico de perspectiva'? La racionalidad humana no es una balanza. La pedagogía no se resuelve en cuadros de doble entrada. La educación no es un *excel* (Thoilliez, 2023a). *El cambio educativo no puede estar controlado en todos sus detalles si pretende mantenerse en la experiencia de su humanidad.* Lo que realmente mueve al ser humano al cambio educativo no es un mero cálculo de ventajas e inconvenientes sino emprender una misión, una vocación, un proyecto con el que comprometemos nuestras vidas porque percibimos que saca lo mejor de nosotros mismos. El cambio deseable en educación, el fondo de la educación, su esencia constitutiva, no lo desencadena un cálculo sino un *apetito*, "(…) sentirse conectado con algo más grande que uno mismo" (Cuzzolino, 2019, p. 158).

La filósofa Agnes Callard (2019, p. 88 y ss.) defiende con muy buen ojo pedagógico que las aspiraciones –el apetito– tienen su propia racionalidad. Es una racionalidad *proléptica*, una racionalidad defectuosa, no plena con respecto al conocimiento de lo que busco alcanzar; pero es una *racionalidad plena* con respecto a una aspiración totalizadora a *querer ser mejor*.

Sexto principio normativo: *si quieres cambiar llénate más de aspiraciones que de razones.*

CONCLUSIONES

Las ideas de cambio, transformación y modificación son esenciales en la historia de la humanidad, ya que son posibilidades inherentes a la naturaleza humana. El capítulo comienza con un resumen del estado de la cuestión sobre la educación y la pedagogía transformadora, destacando las corrientes, autores y publicaciones más relevantes. Posteriormente, el texto subraya cinco aportaciones significativas de la educación y la pedagogía transformadora:

1. La educación implica siempre un cambio o transformación en el educando.
2. La importancia del desarrollo humano como ganancia personal.
3. La necesidad de una educación intencionalmente transformadora.
4. La recuperación de relaciones educativas más experienciales y personales.
5. La reflexión sobre la educación como cambio de estado deseable.

La educación y la pedagogía transformadora nos incitan así a abordar tanto una *teoría pedagógica de la naturaleza humana* –el punto de partida del cambio– como una *teoría ética de la formación humana* –el punto de llegada.

El último apartado se dedica a un análisis detallado de la idea de cambio en la educación. Para ello, el autor revisa algunos fundamentos educativos situando en el centro de estos la idea de cambio y transformación en orden a establecer las condiciones de posibilidad educativa de cualquier cambio o transformación en educación:

1. No hay cambio sin permanencia y permanecer como humano es querer cambiar a mejor.
2. La naturaleza humana no es la que impide los cambios sino la que los posibilita.
3. Sin límites no hay cambio.
4. Al cambio no le sienta bien la obsesión por el cambio (aquí se tratan en particular cuatro errores: todo cambio es bueno o deseable; el mejor cambio es el que más exalte lo diferente; siempre es mejor lo que no has vivido y el cambio sin mediaciones).
5. Gestionar el cambio no es educación.

6. El cambio educativo no se ajusta a la teoría de la toma de decisiones.

Las propuestas normativas que se derivan de este análisis son las siguientes:

1. Permanezco en lo que soy cuando me empeño en alcanzar mi máximo desarrollo en lo que soy.
2. El cambio educativo nos describe, pero también nos descifra, nos interpreta y nos interpela: es reflejo y espejo.
3. Los límites marcan la dirección educativa del cambio.
4. El cambio por sí mismo no es argumento de su valor educativo.
5. El cambio en educación no consiste en aprender a ser diferente, sino mejor.
6. Permanecer en la tradición recibida también es cambio educativo.
7. El cambio educativo te lo provocan los cambios de actividades, no tu voluntad.
8. Educarse no es aprender a gestionar el cambio, sino aprender a dejarse cambiar.
9. Si quieres cambiar, llénate más de aspiraciones que de razones.

REFERENCIAS

Aristóteles (1985). *Ética Nicomaquea*. Gredos. Traducción: Julio Pallí. Introducción y notas: Emilio Lledó.

Bárcena, F. y Mèlich, J. C. (2015). *La educación como acontecimiento ético. Natalidad, narración y hospitalidad*. Paidós.

Belamy, F.-X. (2020). *Permanecer. Para escapar del tiempo del movimiento perpetuo*. Encuentro.

Beltrán, J. A. (2013). La educación como cambio. *Revista Española de Pedagogía*, *71*(254), 101-118. https://www.jstor.org/stable/23766853

Bernal Martínez de Soria, A. y Naval, C. (2023). El florecimiento como fin de la educación del carácter | Flourishing as the aim of character education. *Revista Española de Pedagogía*, *81*(284), 17-32. https://doi.org/ 10.22550/REP81-1-2023-01

Biesta, G. (2024). Desinstrumentalizando la educación. *Teoría de la Educación. Revista Interuniversitaria*, *36*(1), 1-12. https://doi.org/10.14201/teri.31487

Brague, R. (2019). *Manicomio de verdades: remedios medievales para la era moderna*. Encuentro.

Callard, A. (2019). *Aspiration: The Agency of Becoming*. Oxford University Press.

Cappiali, T. M. (2023). A Paradigm Shift for a More Inclusive, Equal, and Just Academia? Towards a Transformative-Emancipatory Pedagogy. *Education Sciences*, *13*(9), 1-15. http://doi.org/10.3390/educsci13090876

Capograssi, G. (2015). *El individuo sin individualidad*. Encuentro.

Chesterton, G. K. (2009). *El hombre eterno*. Ediciones Cristiandad. Prólogo: Juan Manuel de Prada.

Curren, R. (2020). Transformative Valuing. *Educational Theory*, *70*(5), 581-601. https://doi.org/10.1111/edth.12445

Cuzzolino, M. P. (2019). *Experiences of Transformative Awe and the "Small Self" in Scientific Learning and Discovery* Doctoral dissertation, Harvard Graduate School of Education.

David, E. A. (2023). Should legal education be transformative? *Journal of Christian Legal Thought*, *13*(2), 22-28.

El libro de las mutaciones / I Ching (1979). Edhasa.

English, A. R. (2013). *Discontinuity in Learning: Dewey, Herbart and Education as Transformation*. Cambridge.

Feinberg, J. (1980). The Child's Right to an Open Future. En *Freedom and Fulfillment: Philosophical Essays* (pp. 76-97). Princeton University Press.

García del Dujo, A. (2014). Viaje autoetnográfico por (la vida institucional de) la Teoría de la Educación. Notas de campo. En T. Rabazas (Coord.), *El conocimiento teórico de la educación en España. Evolución y consolidación* (pp. 149-170). Síntesis.

Gaviria, J. L. (2024). ¿Transhumanismo 'contra' educación? [Transhumanism 'against' Education?]. *Teoría de la Educación. Revista Interuniversitaria*, *36*(2), 1-23. https://doi.org/10.14201/teri.31762

Gil Cantero, F. (2018). Escenarios y razones del antipedagogismo actual. *Teoría de la Educación. Revista Interuniversitaria, 30*(1), 29-51. https://doi.org/10.14201/teoredu3012951

Gil Cantero, F. (2020). Decálogo del buen pedagogo. Colegio Oficial de Docentes. Colegio Oficial de Doctores y Licenciados en Filosofía y Letras y en Ciencias, (293), noviembre-diciembre, 23-25. https://www.cdlmadrid.org/wp-content/uploads/2019/12/122020-2.pdf

Gil Cantero, F. (2021). El límite y lo absoluto en el respeto a la dignidad humana y en la creación de un orden social justo. En AA.VV., *Valores del espíritu y valores religiosos en sociedades plurales*. Unir. (documento inédito).

Gil Cantero, F. (2022). La Pedagogía ante el desfase prometeico del transhumanismo. *Revista de Educación*, 396. abril-junio, 11-33. https://recyt.fecyt.es/index.php/Redu/article/view/93484

Goethe, J. W. (1986). *Diarios y anales*. Península.

Gomá, J. (2011). *Ingenuidad aprendida*. Galaxia Gutemberg

Goma, J. (2014). *Razón: portería*. Galaxia Gutemberg.

Gomá, J. (2023). *Universal concreto. Método, ontología, pragmática y poética de la ejemplaridad*. Taurus.

Guardini, R. (2000). *Las etapas de la vida: su importancia para la ética y la pedagogía*. Palabra.

Guardini, R. (2020). *Fundamentación de la teoría de la formación. Ensayo de una definición de lo pedagógicamente peculiar*. EUNSA.

Hadjadj, F. (2018). *Últimas noticias del hombre (y de la mujer)*. Homo Legens.

Heddy, B. C. y Pugh, K. J. (2015). Bigger is not always better: Should educators aim for bigtransformative learning events or small transformative experiences? *Journal of Transformative Learning, 3*(1), 52-58. https://jotl.uco.edu/index.php/jotl/article/view/51/49

Ibáñez-Martín, J. A. (2017). *Horizontes para los educadores. Las profesiones educativas y la promoción de la plenitud humana*. Dykinson.

James, W. (1999). *Las variedades de la experiencia religiosa. Estudio de la naturaleza humana*. Península.

Journal of Transformative Education (2024). https://journals.sagepub.com/description/JTD

Journal of Transformative Praxis (2024). https://www.kusoed.edu.np/journal/index.php/jtp

Kemp, R. S. (2015). The self-transformation puzzle. *Res Philosophica*, *92*(2), 389-417. https://doi.org/10.11612/resphil.2015.92.2.11

Kemp, R. S. (2021). Lessons in self-betrayal: on the pitfalls of transformative education. *Educacional Theory*, *70*(5), 603-616. https://doi.org/10.1111/edth.12446

Lambert, E. y Schwenkler, J. (Eds.) (2020). *Becoming Someone New: Essays on Transformative Experience, Choice, and Change*. Oxford University Press.

La Santa Biblia (1960). Versión: Reina-Valera. Sociedades Bíblicas Unidas.

Luri, G. (2019). *La imaginación conservadora. Una defensa apasionada de las ideas que han hecho del mundo un lugar mejor*. Ariel.

Luri, G. (2021). Los límites en los tiempos del giro afectivo. *The Objetive*, 22/07. https://theobjective.com/elsubjetivo/opinion/2021-07-22/los-limites-en-los-tiempos-del-giro-afectivo/

MacIntyre, A. (2001). *Animales racionales y dependientes. Por qué los seres humanos necesitamos las virtudes*. Paidós.

Marías, J. (1999). *Corazón tan blanco*. Anagrama.

Martini Armengol, G. y Vega Rodríguez, L. F. de la (Eds.) (2020). *Seminario Internacional: Profesión docente y educación continua en América Latina: aprendizajes y desafíos*. Universidad de Chile. https://doi.org/10.34720/xhan-6020

McLaren, P. (2022). Pedagogía crítica y lucha de clases en la era del terror neoliberal. En C. Rodríguez Martínez y F. Imbernón Muñoz (Coords.), *De las políticas educativas a las prácticas escolares* (pp. 231-282). Morata.

Mezirow, J. (2008). An overview on transformative learning. En J. Crowther y P. Sutherland (Eds.), *Lifelong learning: Concepts and contexts* (pp. 24-38). Routledge. https://doi.org/10.4324/9780203936207

Millán-Puelles, A. (1967/2014). *La estructura de la subjetividad/ Obras Completas*. Tomo IV. Rialp.

Muñoz Molina, A. (2023). Entrevista. *El País*, 26/08.

Novakovic, A. (2023). Hegel on transformative experiences. En D. Emundts, K. Koch y D. Quadflieg (Eds.), *Proceedings of the Stuttgarter Hegelkongress* (en prensa). https://www.academia.edu/111526111/Hegel_on_Transformative_Experiences_Proceedings_of_the_Hegelkongress_

Ovidio (1992). *Metamorfosis*. CSIC. Edición: Antonio Ruiz de Elvira Prieto.

Paul, L. A. (2014). *Transformative Experience*. Oxford University Press.

Paul, L. A. (2015a). Transformative Experience: Replies to Pettigrew, Barnes and Campbell. *Philosophy and Phenomenological Research, 91*(3), 794-813. https://doi-org.bucm.idm.oclc.org/10.1111/phpr.12250

Paul, L. A. (2015b). What you can't expect when you're expecting. *Res Philosophica, 92*(2), 149-170. https://doi.org/10.11612/resphil.2015.92.2.1

Paul, L. A. y Quiggin, J. (2020). Transformative education. *Educational Theory, 70*(5), 561-579. https://doi.org/10.1111/edth.12444

Phillips, A. (2021). *On Wanting to Change*. Penguin.

Randell, P. (2023). The Value of Risk in Transformative Experience. *Episteme*, 1-13. https://doi:10.1017/epi.2023.53

Redeker, R. (2020). *Los centinelas de la humanidad. Filosofía del heroísmo y de la santidad*. Homo Legens.

Reyero, D. y Gil Cantero, F. (2019). La educación que limita es la que libera | Education that limits is education that frees. *Revista Española de Pedagogía, 77*(273), 213-228. https://doi.org/10.22550/REP77-2-2019-01

Sánchez Rojo, A. y Gil Cantero, F. (2020). Ya es hora de devolver la educación al profesional de la educación. En E. S. Vila Merino, J. E. Sierra Nieto y V. M. Martín Solbes (Coords.), *Teoría de la Educación: Docencia e Investigación* (pp. 35-54). GEU Editorial.

Sánchez-Rojo, A., Alonso-Sainz, T. y Martín-Lucas, J. (2024). La Pedagogía ante el desafío digital: nuevas materialidades [Pedagogy Facing the Digital Challenge: New Materialities]. *Teoría de la Educación. Revista Interuniversitaria, 36*(2), 25-42. https://doi.org/10.14201/teri.31752

Savater, F. (1995). *Ética como amor propio*. Grijalbo.

Schopenhauer, A. (2018). *El arte de ser feliz explicado en cincuenta reglas para la vida*. Verbum.

Scruton, R. (2018). *Sobre la naturaleza humana*. Rialp.

Séneca (1989). *Epístolas morales a Lucilio*. Gredos.

Solé-Blanch, J. (2024). Autoridad, vínculo y saber en educación. Transmitir un testimonio de deseo [Authority, Bond, and Knowledge in Education: Transmitting a Testimony of Desire]. *Teoría de la Educación. Revista Interuniversitaria, 36*(2), 139-155. https://doi.org/10.14201/teri.31537

Thoilliez, B. (2019). Docentes en las aulas: miradas constantes, palabras precisas, sonrisas perfectas. *Studium Educationis, 20*(2), 57-70. https://ojs.pensamultimedia.it/index.php/studium/article/view/3291

Thoilliez, B. (2023a). Carta a la educación española. *ABC* (La Tercera de ABC), 12/04.

Thoilliez, B. (2023b). Redeeming Education after Progress: Composing Variations as a Way Out of Innovation Tyrannies. *Journal of Philosophy of Education, 57*(6), 1087-1102. https://doi.org/10.1093/jopedu/qhad056

Touriñán, J. M. (2023). *Pedagogía mesoaxiológica. Postulados y Fundamentos*. Redipe.

Trilla, J. (2018). *La moda reaccionaria en educación*. Laertes.

UNESCO (2013). *La educación transforma la vida*. https://unesdoc.unesco.org/ark:/48223/pf0000223115_spa

Universidad Camilo José Cela (2023). *Curso sobre 'Aprender transformando, transformar aprendiendo. La educación transformadora clave para construir un mundo donde TODOS seamos agentes de cambio'*. UCJC.

Villiger, D. (2021). A rational route to transformative decisions. *Synthese, 199*(5-6), 14535-14553. https://doi.org/10.1007/s11229-021-03432-w

Villiger, D. (2023). Rational transformative decision-making. *Synthese, 201*(3), 87. https://doi.org/10.1007/s11229-023-04075-9

von Hildebrand, D. (2004). La importancia del respeto en educación. *Educación y Educadores*, 7, 221-228. Traducción: J. M. Barrio. https://www.redalyc.org/pdf/834/83400715.pdf

Weaver, R. M. (2008). *Las ideas tienen consecuencias*. Ciudadela Libros.

Weaver, S. (1967). https://www.facebook.com/DescargasDD/photos/a.195
6978927957660/2935488896773320/?type=3&locale=es_ES

Wilson, R. A. (2017). Toward understanding E-Prime: a review of general
semantics. *Et Cetera, 74*(3), 490-493. https://www.proquest.com/scho-
larly-journals/toward-understanding-e-prime/docview/2677676001/
se-2

Yacek, D. W. (2020). Should education be transformative? *Journal of Moral Education, 49*(2), 257-274, https://doi.org/10.1080/03057240.201
9.1589434

Yacek, D. W. y Gary, K. (2020). Transformative experience and epiphany in
education. *Theory and Research in Education, 18*(2), 217-237. https://
doi.org/10.1177/1477878520957276

Yacek, D. W., Rödel, S. S. y Karcher, M. (2020). Transformative education:
philosophical, psychological, and pedagogical dimensions. *Educational Theory, 70*(5), 529-537. https://doi.org/10.1111/edth.12442

DE SOSTENIBILIDADES, SUSTENTOS Y OTRAS SUJECIONES EDUCATIVAS. SOBRE LA FUERZA TRANSFORMADORA DEL MIRAR PEDAGÓGICO

Carmen Urpí (Coord.)
Universidad de Navarra

María G. Amilburu
Universidad Nacional de Educación a Distancia (UNED)

Patricia Quiroga Uceda
Universidad Complutense de Madrid

Resumen: El texto tratará de desarrollar la idea de cómo la educación es en sí misma una práctica de sostenibilidad, en el sentido de que la mirada atenta y confiada de otro se convierte en motor y sustento de la existencia creativa de uno; creativa, en cuanto personal, y libre, en cuanto singular. Con ello, la práctica educativa contribuye a la generación de valor añadido para toda la humanidad y, por tanto, a la configuración de un mundo más sostenible.

Son comunes las ocasiones en que el reclamo de un hijo o una hija que intenta alcanzar una nueva hazaña (saltar una altura, nadar, montar en bicicleta, escalar) se expresa a través de la solicitud de la mirada atenta y continuada de su madre o padre: "no dejes de mirarme todo el rato". El mirar tiene al mismo tiempo algo de distancia y de proximidad, lanza un cable firme y a la vez tenue que facilita el arte de educar, entendido como justa medida entre 'dejar hacer' y controlar, entre soltar y sujetar, que favorece la autonomía que oscila entre la inseguridad y la dependencia.

Esto, que se da casi de forma natural en el ámbito más próximo del vínculo familiar original, es deseable también para el ámbito escolar, donde el docente se adelanta a allanar el camino de su alumnado, así como para el ámbito social, cuando las instancias creadas sirven para proteger y promover a los miembros de la comunidad en su interacción con el mundo, especialmente aquellos más vulnerables.

La vulnerabilidad que el ser humano experimenta desde el inicio hasta el final de la vida en su interacción consigo mismo, entre sí o con otras comunidades, requiere un entorno de confianza y seguridad que facilite y promueva la expresión creativa de su singularidad más personal y libre. Es responsabilidad, tanto de la familia como de la escuela y de toda la sociedad, reconocer esa singularidad como valor añadido y riqueza a preservar para las futuras generaciones.

Palabras clave: Sostenibilidad familiar, Vulnerabilidad humana, Mirada pedagógica, Relación educativa, Creatividad personal, Aprendizaje singular.

'Sustentar', del latín *sustentare*, frecuentativo intensivo del verbo *sustinere* (afirmar, sujetar desde abajo, soportar, sostener, aguantar). El prefijo se aplica a la raíz de *tenere* (sujetar, agarrar) procedente de la raíz indoeuropea **ten-* (tender, estirar), la cual también dio en latín el verbo *tendere*, del que nos vienen palabras como atender o atención. Asimismo, la raíz **ten-* dio en latín el adjetivo *tenuis*, del que proceden tenue, atenuar, y el adjetivo *tener*, del que proceden tierno, ternura.

INTRODUCCIÓN

El giro pedagógico observado en los diferentes ámbitos educativos hacia un crecimiento personal y social alcanzable no solo mediante el aprendizaje de conocimientos, técnicas y valores, sino también aprendiendo a convivir en un mundo diverso –tal como lo requería el Informe Delors (1996) para el cambio de milenio– presenta hoy su continuidad bajo la idea de una educación transformadora. Desde su humanismo, Delors abogaba por una educación no instrumentalizada por los factores económicos del neoliberalismo con el fin de alcanzar una convivencia humana más viable, anticipando así una educación para el desarrollo sostenible del mundo. El último informe de la Unesco (2022) para el futuro de la educación reclama su papel clave en la transformación del mundo, apuntando nuevas directrices para orientar las políticas y prácticas educativas de los países miembros.

Bajo el título *Reimaginar juntos nuestros futuros*, el informe de la Unesco (2022) responde a la pregunta sobre qué educación hace falta para transformar el mundo. Esta misión educativa apela directamente a la implicación activa de toda la sociedad –como una gran comunidad educativa– en la creación de un futuro supuestamente plural y mejor para todos y cada uno. Alineado con otros documentos internacionales de Naciones Unidas, el informe marca varias metas a alcanzar en torno a la sostenibilidad, la digitalización, la inteligencia artificial, la interculturalidad, la igualdad de género, etc.; pero lo que importa, sobre todo, es la movilización de toda la ciudadanía para alcanzar dichas metas. Se diría que la idea de fondo consiste en llamar la atención sobre este punto: para obtener resultados no basta solo con marcar unos objetivos en las agendas políticas mundiales, sino que *es necesario implicar a una ciudadanía activa en el cumplimiento de dichas agendas*. Para ello, se apela al valor pedagógico de una educación orientada ya no solo al desarrollo de competencias sino al compromiso con determinadas acciones transformadoras del mundo. No hay que olvidar que se apela a una *educación transformadora* en plena post pandemia. Si a raíz de los acontecimientos vividos a causa de la pandemia por Covid-19 se recurrió al término paradójico de una *nueva normalidad* para indicar una serie de cambios que iban a instalarse, no parece casual ahora la necesidad de recurrir a la noción de una *educación transformadora* que facilite la movilización requerida para afrontar los grandes desafíos que plantean dichos cambios.

Ahora bien, para hablar de una posible *teoría de esta educación transformadora*, interesa revisar primero algunas nociones antropológicas y pedagógicas subyacentes a esta expresión. Diferentes modelos pedagógicos bien conocidos por todos, clásicos y modernos, advierten cómo una educación orientada a la acción responsable y realmente comprometida significa aceptar el riesgo de educar para ejercer la libertad de manera crítica respecto de las metas marcadas por otros desde fuera, ya que la verdadera determinación a la acción nace de dentro, del deseo profundo o de la atracción interior del bien percibido, al modo que ya señalaba Platón (Bonagura, 1991) y que también recogen algunas pedagogías contemporáneas de corte humanista crítico-interpretativo.

Por tanto, el reto de una *educación transformadora* pasará necesariamente por una educación entendida como *conquista de la libertad*, en el sentido de *desafío moral* al que apuntaba el filósofo de la educación Giuseppe Mari (2013). Se trata de una educación basada en la configuración y el fortalecimiento de personalidades singulares que, siendo permeables y sensibles al mundo exterior, mantienen su interés y su criterio interior para actuar con deliberación, asertividad, resiliencia, creatividad y compromiso personal en busca del bien percibido para sí y para la vida en común con otros. Esta delicada relación entre exterioridad e interioridad del yo (Bonagura, 1991), que pone en juego la propia libertad, con sus frustraciones y satisfacciones, difícilmente se alcanza sin la relación confiada y vinculante con *otro* que va por delante allanando el camino, invitando, sosteniendo, sujetando a cada paso: padre, madre, maestra, maestro, amigo, profesor, tutor, educador.

Con esto se afirma que la educación y sus teorías no sólo han de responder al devenir de los acontecimientos y sus demandas de transformación, sino también a los principios originarios de la condición humana, tal como se fundamenta desde la antropología filosófica y la psicología. De la teoría de Gehlen (1940) sobre la inespecificidad y la plasticidad originarias de la morfología humana, se puede derivar la idea de una vulnerabilidad intrínseca que reclama la atención educativa del otro para afrontar las limitaciones y dificultades que depara el camino hacia una mayor plenitud. Desde planteamientos psicológicos –a menudo de inspiración psicoanalítica aplicada a la infancia, como la de Winnicott (1971) o Klein (1977)–, esta vulnerabilidad que caracteriza al ser humano desde el inicio hasta el final de la vida y que cada uno experimenta en su interacción consigo mismo, con otros o con el mundo, requiere un entorno de confianza y seguridad que facilite, en última instancia, la expresión creativa de su singularidad en y para su entorno social.

Con esta doble mirada, desde el origen humano y hacia el futuro, este trabajo pretende dar con algunas claves interpretativas y orientativas en torno a la solicitada transformación y su aplicación educativa en diferentes ámbitos de crecimiento de la libertad y creatividad. Como hilo de fondo, estas páginas siguen la idea de la educación como una práctica de sostenibilidad y creatividad en sí misma, en el sentido de que la mirada atenta y confiada de otro se convierte en motor y sustento de la existencia creativa de uno; creativa, en cuanto personal, y libre, en cuanto singular (Urpí, 2022). Con ello, esta práctica educativa contribuye a la generación de valor añadido para toda la humanidad y, por tanto, a la configuración de un mundo también más sostenible (Musaio y Urpí, 2016).

Transformación: el DRAE, el SITE y la Unesco

Una de las posibles formas de iniciar el estudio de un tema es acudir al diccionario para consultar el significado de las palabras que contiene, aunque la gente más joven prefiere preguntar a Google, Wikipedia o ChatGPT. Por la fuerza de la costumbre, se consultó el Diccionario de la Real Academia de la Lengua Española (DRAE) –eso sí, en su versión online– para comprobar el sentido que se atribuye en castellano al término *transformar*. Entre otros, proponía algunos de los que se deduce que toda transformación lleva consigo un cambio:

1. Hacer cambiar de forma a alguien o algo.
2. Transmutar algo en otra cosa.
3. Hacer mudar de porte o de costumbres a alguien.

Si se sigue preguntando a esta misma fuente qué significa *cambiar*, entre otras definiciones que no tienen interés para nuestro trabajo, se encuentran algunas que presuponen la existencia de dos situaciones diferentes –una inicial y otra final– y el paso de una a otra, lo que implica el transcurso del tiempo, por muy breve que sea:

1. Dejar una cosa o situación para tomar otra.
2. Convertir o mudar algo en otra cosa, frecuentemente su contraria.
3. Dar o tomar algo por otra cosa que se considera del mismo o análogo valor.
4. Dicho de una persona: mudar o alterar su condición o apariencia física o moral.

Considerados en conjunto, ambos términos indican que hay algo de la situación inicial que permanece a lo largo del proceso de transformación porque, si no, se estaría hablando de la sustitución de una cosa por otra y no de su cambio o transformación. Sin embargo, ninguna de las dos definiciones realiza una valoración –ni cuantitativa ni cualitativa– del proceso de transformación. Por sí mismo, el cambio no permite realizar ningún juicio de valor acerca de la situación que se deja y a la que se llega, es decir, si se cambia a mejor o a peor. Ahora bien, teniendo en cuenta que en este libro el adjetivo *transformador* se aplica al sustantivo *educación*, interesa considerar aquí aquellas transformaciones que el ser humano atraviesa mediante la acción educativa; es decir, aquellas que –como ya señaló Dewey– contribuyen a que el sujeto cambie *a mejor* (Pring, 2003).

En este sentido, el informe de la Unesco (2022) *Reimaginar juntos nuestros futuros* ha derivado en una serie de programas y encuentros internacionales que, bajo la expresión *educación transformadora*, buscan orientar la enseñanza y el aprendizaje hacia la toma de decisiones fundamentadas y la actuación con conocimiento de causa, a nivel individual, comunitario y mundial, de manera que faciliten alcanzar el deseado compromiso con el mundo y la necesaria transferencia entre la vida escolar y la vida social. Para ello, resulta imprescindible que los centros educativos se configuren como comunidades de aprendizaje inclusivas, seguras, saludables, ecológicas, participativas, colaborativas.

Es también significativo que esta expresión –*educación transformadora*– aparezca como el primer eje de la *Estrategia 2025: universidad y sostenibilidad* de la Universidad de Navarra, orientada hacia una *experiencia formativa profunda*. Esta consiste en desarrollar, junto a los conocimientos científicos y profesionales, las cualidades necesarias para ser "ciudadanos responsables, con profundidad de pensamiento, espíritu crítico y perspectiva internacional, capaces de entender su trabajo como un servicio a los demás y a la sociedad" (Universidad de Navarra, s. f.).

Llama la atención, en ambos casos, que la expresión *educación transformadora* se subraye como si fuera una novedad, porque ¿acaso hay educación que no lo sea? ¿Es una redundancia aplicar el adjetivo *transformador* a cualquier proceso educativo?

LA FORJA Y TRANSFORMACIÓN DE LA PROPIA IDENTIDAD Y LA EDUCACIÓN

Cada ser humano es *el mismo* a lo largo de toda su vida, pero ciertamente no es *lo mismo*, porque experimenta muchos cambios –no solo a nivel biológico– durante todo ese tiempo. En su *Manual de Antropología Filosófica*, Choza (1987, pp. 415-431) describe el proceso de desarrollo humano desde que el viviente es una sola célula hasta la madurez; esto es, desde la completa inconsciencia de sí mismo y del mundo, hasta la plena autoconciencia y experiencia de la propia existencia como plenamente realizada o, por el contrario, frustrada o carente de sentido.

Se puede afirmar categóricamente que ser humano es todo viviente que pertenece a la especie *homo sapiens* por vía genealógica (Spaemann, 2010): todo *nacido de mujer*. Sin embargo, para llegar a *ser plenamente humano*, es decir, para que puedan actualizarse y *florecer* todas las potencialidades características de la especie humana, debe llevarse a cabo la interiorización de una cultura, pues los humanos somos inviables al margen del ámbito cultural (G. Amilburu, 2018). La experiencia de *ser plenamente uno mismo* se tiene cuando se han podido tomar decisiones libres de acuerdo con el proyecto de vida que cada uno va trazando para dar sentido a la propia existencia.

En las etapas iniciales de la vida, los individuos de la especie humana son muy similares entre sí y se van diferenciando progresivamente como resultado de su propio desarrollo y su actuación. Este proceso –como todo cambio, según se ha visto– supone la transformación de *algo* que ya es individual; si no fuera así, habría que hablar de la sustitución de un ser humano por otro diferente. Pues bien, ese *algo* distinto de los demás seres de la especie, que permanece desde el inicio, permite experimentar la continuidad de la conciencia individual y se mantiene a través de los cambios. Ese *algo* no es de índole material, porque las células del organismo humano se renuevan continuamente; sin embargo, se percibe que es real, porque cada uno se reconoce como un *yo* que, simultáneamente, permanece y cambia. Cada persona sigue siendo *ella misma* desde que nace, aunque no sea *lo mismo*.

Como señala la filosofía analítica al referirse a *la primera persona del singular* (Anscombe, 1981), ese algo que no cambia y que permite a cada uno decir yo constituye el sujeto último de predicación de todas las demás propiedades que puedan atribuirse a cada ser humano a lo largo de su vida; el sustrato que permanece en todos los cambios. Así, cuando uno ve una colección familiar de fotografías, puede señalarse a sí mismo, aunque su aspecto y sus circunstancias hayan cambiado drásticamente, y decir: "este soy yo cuando tenía dos años", "este soy yo el día de mi boda", "este soy yo el día de mi jubilación". La autoconciencia es un descubrimiento humano que se alcanza con un cierto grado de madurez. A lo largo de la vida, uno va aprendiendo que ese yo –al principio indeterminado– es este *yo concreto, con estas circunstancias*, como acertadamente señaló Ortega y Gasset (1914).

Desde el punto de vista biológico, cada ser humano posee una carga genética exclusiva, una combinación bioquímica irrepetible –el ADN– diferente a la del resto de la especie. Esta identidad genética queda constituida en el momento de la fecundación y se desarrolla según las leyes embriológicas hasta la formación completa del organismo durante la gestación. Ahora bien, el desarrollo biológico no acaba con el nacimiento, aunque para entonces se hayan configurado de modo irreversible los sistemas nervioso y endocrino, así como el tipo constitucional psicológico o temperamento. Desde el parto hasta que el ser humano alcanza la madurez biológica, se extiende un largo periodo en el que los factores culturales deben entrar en concurrencia con los procesos biológicos para que se produzca una maduración auténticamente humana. Por tanto, se observa que el ser humano es el viviente que tiene una infancia más prolongada.

Ningún individuo puede decidir sobre estas cuestiones en relación consigo mismo. Tampoco nadie ha sido consultado acerca de si quería o no nacer, si deseaba tener este cuerpo u otro, ni si prefería elegir uno u otro temperamento. Tampoco ha podido escoger cuál iba a ser la cultura de su entorno o su lengua materna. De hecho, para cuando alguien puede decidir qué quiere hacer con su vida, lleva ya varios años viviendo del modo que otros han elegido para él. La persona se encuentra situada en unas coordenadas particulares en las que el tipo de educación –de modo particular, la recibida durante los primeros años– juega un papel decisivo en su historia personal. Puede reconocer que hay mucho que le ha sido dado, y que le configura, y que tiene una imagen del mundo determinada, que es fruto de su inculturación. Con todo, aun siendo esto así, este reconocer requiere y supone también cierto aprendizaje. Hay quienes lo reconocen como impuesto desde fuera y lo rechazan como propio, pretendiendo reinventarse desde cero. Otros apenas lo reconocen como recibido y se lo apropian como si fuera exclusivo suyo. Ante ambas posturas, uno de los grandes retos que tiene planteada toda tarea educativa está precisamente en aprender a agradecer lo recibido, recreándolo interiormente como algo propio, para transformarlo y transmitirlo a otros.

LA PRIMERA TRANSFORMACIÓN EDUCATIVA: LA SOCIALIZACIÓN PRIMARIA

Se puede afirmar con Geertz (1987) que, si bien no hay cultura sin hombres, tampoco habría seres humanos sin cultura. Berger y Luckmann (1972) elaboraron un interesante análisis de los procesos de socialización o inculturación, en cuanto inducción de un individuo dentro del mundo objetivo de una sociedad o de un sector de ella. El elemento clave del proceso de socialización es la interiorización; es decir, la comprensión inmediata de un objeto o acontecimiento como significativo para el sujeto. Se distinguen dos etapas en este proceso: la socialización primaria, que tiene lugar en la infancia, y la socialización secundaria, que abarca todo proceso de socialización subsiguiente, cuando el sujeto se introduce en nuevos sectores del mundo cultural y, en concreto, interioriza las instituciones y los submundos basados en ellas.

Interesa examinar aquí con más detalle la socialización primaria, que se lleva a cabo habitualmente, de manera espontánea, en el ámbito familiar, y abarca las dimensiones cognoscitiva, emocional y operativa del recién nacido. Por este motivo, los adultos son quienes toman la iniciativa en la socialización primaria, porque el menor no puede seleccionar a quienes le rodean, los *otros significativos*: sus padres u otras personas que se relacionan con él.

La adquisición del lenguaje es, al mismo tiempo, el contenido y el instrumento principal de la socialización primaria (Berger y Luckmann, 1972). El lenguaje tipifica y aporta esquemas de clasificación para diferenciar a los objetos según el género, número, acción, modos de ser, grados de intimidad social, etc. Normalmente, para cuando cumple cinco años, el niño domina unas reglas complejas de gramática y de sintaxis –aunque el vocabulario sea limitado– y también múltiples funciones del lenguaje –ordenar, preguntar, llamar la atención de otros, ejercer un control social, explicar, describir. Esto significa que ha adquirido un modo eficaz de organizar la experiencia, comunicarse con otros y actuar sobre el ambiente físico y social. Absorbe lo que se le dice de manera casi automática e interioriza la realidad que se le presenta como el *único mundo existente y concebible*. Así, su universo es indubitable y masivamente real, y este protorrealismo es inevitable en ese punto del desarrollo de la conciencia. Durante los primeros años de vida, todo individuo es espontánea e inconscientemente etnocentrista, entendiendo por ello la actitud que considera los criterios particulares de la tradición cultural a la que pertenece como los parámetros propios de la naturaleza humana. Lo diferente a lo que uno ha aprendido resulta raro o exótico, mientras que lo propio se considera siempre *natural, de sentido común, civilizado, normal*. Esto es debido a que en ese estadio del desarrollo humano es muy difícil establecer la distinción entre lo natural y lo cultural, y se entiende la cultura en términos de naturaleza. Así, se considera *natural* vivir del modo como uno vive, hablar la propia lengua, etc. (G. Amilburu, 2011).

Este protorrealismo característico del mundo de la infancia proporciona al individuo una estructura ordenada en la cual puede confiar y sentirse seguro. Si fallan estas condiciones, el desarrollo humano no puede llegar a plenitud, como se verá más adelante. Esta necesidad de seguridad es quizá una propiedad filogenética característica de nuestra especie, cuya plasticidad biológica es su rasgo más característico. El *homo sapiens* carece de pautas innatas de comportamiento fijas, a las que no puede resistirse, comunes a toda la especie y eficaces; en definitiva, carece propiamente de instintos en cuanto mecanismos automáticos de actuación.

El niño aprende que las cosas, y él mismo, son lo que los demás le dicen que son: recibe una identidad, le es asignado un lugar dentro del mundo. Estos primeros conocimientos tienen una importancia decisiva en el desarrollo humano: constituirán las coordenadas, los puntos de referencia y de apoyo donde se irán sustentando los demás aprendizajes y experiencias. Si se edifica en falso, o no se ofrecen los referentes oportunos, se producen consecuencias desastrosas para el futuro de la persona. Basta recordar los tristemente famosos casos de niños salvajes para captar —en sus consecuencias más extremas y dramáticas— la importancia de las influencias recibidas u omitidas a edades tempranas. De modo similar, el síndrome infantil de Spitz (1945), conocido también como depresión anaclítica o síndrome de hospitalismo, demuestra que un bebé humano requiere de algo más que la atención primaria de necesidades de alimentación, vestimenta y cobijo.

El ser humano vive en un mundo cultural, en una realidad siempre interpretada: no puede desarrollar su existencia en un vacío social. De hecho, no es posible comprender adecuadamente la naturaleza de una acción humana hasta que no se ha comprendido algo del significado de las tradiciones culturales en las que se inscribe; y ésta es una manifestación más de la imposibilidad de escapar del contexto. Ahora bien, de esto no se deduce necesariamente la necesidad de adoptar una postura relativista, ni tampoco dogmática. La existencia humana se halla siempre *situada* en una perspectiva cultural particular y éste es un factor de capital importancia que debe tenerse en cuenta en cualquier tarea educativa; particularmente, en lo que respecta a la educación en una sociedad democrática y multicultural. Al ser introducido en un ámbito cultural determinado durante la socialización primaria se asume un punto de vista concreto, porque no es posible ver la realidad más que desde una perspectiva: la del observador. Sin embargo, esto no significa que la realidad que se conoce sea toda la realidad cognoscible, o que no se pueda intentar adquirir otra perspectiva para ver las cosas desde un punto de vista diferente.

Precisamente, esto es lo que distingue la inculturación del adoctrinamiento; porque, en este último, quien enseña algo traslada una visión parcelada de la realidad –su visión– de tal manera que imposibilita el ejercicio del pensamiento crítico en quien aprende, cercenando así su libertad para abrirse a la realidad. Constituye una manipulación en la que la intencionalidad del educador permanece opaca ante quien aprende y, por ello, no puede considerarse una acción educativa (G. Amilburu y García, 2012).

A partir de aquí, se puede entender la importancia de ofrecer seguridad en la socialización primaria sin lesionar el futuro ejercicio de la libertad, así como en todo el proceso educativo posterior, desde etapas tempranas y a lo largo de toda la vida.

Proporcionar esos puntos de referencia que ofrezcan seguridad a los individuos aún inmaduros de la especie que carece de instintos, no es algo que se oponga a la libertad, sino que constituye la condición de posibilidad de su futuro ejercicio. Puede servir como ejemplo para ilustrar este punto el ejemplo del arnés que se utiliza en las escaladas: no ve mermada su libertad el escalador que hace uso de un arnés para poder llegar a la meta propuesta de una manera segura, sin poner en peligro su integridad física, sin quedar abandonado a su suerte, pero sin impedir su movimiento. De la misma manera, tampoco daña el desarrollo de una planta joven el rodrigón que se le coloca al lado para facilitar que el tronco crezca derecho, sin quebrarse.

El proceso de reconfiguración de la familia como espacio de sostenibilidad

Al constituir el primer lugar de referencia y de socialización, la familia es un espacio determinante en el desarrollo del ser humano. Este marco relacional en el que se circunscriben las relaciones familiares configura un *estilo parental* de crianza. En términos de Max van Manen (2015), se podría decir que el modelo que cada familia elige se manifiesta en el *tono* que los padres y las madres adoptan en su relación con sus hijos e hijas. Históricamente se han identificado dos modelos que en ocasiones se han constituido como tonos contrapuestos. Uno de ellos es un modelo de carácter más autoritario y rígido, orientado a *dar forma* a la infancia a partir de unas ideas fijas preconcebidas acerca de cómo ésta ha de ser, un ideal del deber ser. El otro modelo es de naturaleza más flexible y permisiva, y en él la familia deja que la evolución de las capacidades infantiles se vaya autorregulando por sí sola. Entre ambos extremos, la práctica real se encarga de matizar esos modelos teóricos a través de una paleta de grises que interesa contemplar aquí.

Una de las primeras referencias históricas a dichos modelos aparece en la Roma clásica. Publio Terencio Africano escribió una obra de teatro en la que abordaba la existencia de estos estilos parentales. Su obra, titulada *Adelphe* (*Los hermanos*), fue representada por primera vez en el año 160 a. C. El argumento de esta comedia teatral parte de contraponer los dos modelos por los que pueden decantarse los padres en la educación familiar. Los hermanos protagonistas de la obra, Mición y Demea, encarnan dos formas posibles, ya entonces, de servir de guía en el entorno familiar. Mición, cuyo hijo adoptivo es Esquino, opta por una relación paternofilial basada en la comprensión y la tolerancia. Por su parte, Demea, padre de Tesifonte y Esquino, aplica un modelo autoritario en el que prevalece el trato rígido y severo. Lo que nos muestran obras como la de Terencio es que el trato de los padres a sus hijos no solo era un tema de actualidad en su tiempo, sino que ya entonces era posible optar por formas hirsutas o formas indulgentes: dos visiones contrapuestas, ya que en ambos casos conllevan modelos de relación entre hijos y padres diferenciados.

El debate sobre la interpretación de esta comedia muestra la intención de Terencio de desvelar a través de cada hermano las debilidades de carácter que esconden ambas posturas, señalando así a la ciudadanía las dificultades internas que podían encontrar a la hora de ejercer una práctica, más recomendable, entre ambos extremos (Bustos, 2009). Igualmente, pero más cercano a nuestra época, Dewey (1938) advierte del riesgo de reducir el debate educativo a la dicotomía entre un modelo tradicional y otro progresista, y sitúa en el centro de la educación la provisión de *experiencias* de aprendizaje que permitan ajustar el ideal teórico con la vida real práctica.

En el contexto actual, se puede afirmar que continúa la convivencia de estos dos modelos con todos sus matices. Así, un trabajo en el que aparecen analizados ampliamente ambos estilos parentales, junto con otras muchas cuestiones relacionadas con la maternidad y paternidad, es el conocido ensayo de Carolina del Olmo *¿Dónde está mi tribu? Maternidad y crianza en una sociedad individualista* (2013). La autora señala que "esta dicotomía básica en el campo de la crianza parece haber viajado prácticamente intacta desde finales del siglo XIX hasta las estanterías de novedades de nuestras librerías" (p. 17), donde ambos modelos coexisten bajo la denominación de un estilo parental centrado en el adulto (*adult-centered*) y otro centrado en el niño (*child-centered*). Mientras que el primero busca minimizar el impacto que tiene la llegada de un nuevo miembro a la familia para preservar las necesidades de los adultos, el otro modelo ubica las necesidades y ritmos infantiles en el centro de la vida familiar. Este segundo modelo es hoy día prevalente entre las clases altas más influyentes socialmente y adopta denominaciones como *maternidad intensiva* o *crianza con apego*, la cual, advierte del Olmo (p. 16): "defiende la inocencia y bondad intrínsecas del niño, que sabe mejor que nadie lo que necesita, y lo pide con los medios que tiene a su alcance".

Si a la redefinición de la experiencia de parentalidad suscitada en el espacio familiar por este modelo, se suma la mayor atención que se presta a la condición de vulnerabilidad en el ser humano y la emergencia de la ética del cuidado, el resultado apunta a la configuración de nuevos significados en la educación familiar, que bien requieren del análisis en profundidad desde la teoría de la educación. Para realizar este análisis, se plantea una reflexión en torno al término *sostenibilidad*, comúnmente empleado en la actualidad respecto del medio ambiente y la economía circular, pero reclamado aquí como término nuclear de la educación, en línea con el título de estas páginas y la definición etimológica que se presentó en el comienzo.

LA VULNERABILIDAD DEL SER HUMANO Y LA ÉTICA DEL CUIDADO

Partir de la consideración de la familia como espacio de sostenibilidad guarda una estrecha relación con la propia condición vulnerable de los seres humanos. A lo largo de la historia de la ciencia y la filosofía han sido varios los autores que han destacado esta vulnerabilidad como un rasgo originario de la sociedad humana y de la educación. Una referencia frecuente se encuentra en las teorías bioantropológicas de Gehlen (1940), que estudiaron en la propia morfología humana la condición de indigencia y desamparo como explicación de la apertura al otro para la supervivencia humana. Para el cambio de milenio, el filósofo escocés Alasdair MacIntyre (1999) hablaba de 'animales racionales dependientes' para situar la vulnerabilidad y discapacidad humana en la base de la educación.

Hoy en día, en España, son cada vez más frecuentes los estudios y las investigaciones educativas que parten de esta concepción del ser humano. García Carrasco (2022) habla de *homo docens* para resaltar la necesidad originaria del enseñar. Juan Escámez-Sánchez y Ramón Gil-Martínez (2023), en su reciente libro *El principio ético del cuidado*, definen el término vulnerabilidad como el símbolo lingüístico que mejor expresa la realidad de la condición humana: "la capacidad de ser afectados, para bien o para mal, tanto por el conjunto de elementos que conforman nuestro entorno como por las propias acciones que realizamos" (p. 15). En este mismo sentido, cabe destacar el ensayo recién publicado de Miquel Seguró (2023), titulado *Vulnerabilidad*, en el que analiza la relación intercambiable entre vulnerabilidad y afectabilidad: "ser vulnerables quiere decir, en esencia, que somos susceptibles de ser afectados. Y esto significa que lo que vemos, oímos, intuimos y, en definitiva, sentimos nos impacta de tal forma que nos afecta radicalmente" (pp. 7-8).

En efecto, los humanos somos seres vulnerables y necesitamos de los otros, en especial en el nacimiento y los primeros años de vida, cuando esta naturaleza vulnerable se manifiesta de una manera inequívoca. Al nacer se necesita de un tiempo muy prolongado de atenciones y de cuidados por parte de seres humanos adultos, y es la familia el principal grupo social que se ocupa de aportar ese sostén a la infancia. El destacado paleoantropólogo, experto en la evolución humana, José María Bermúdez de Castro, y la pediatra Elena Bermúdez de Castro (2017) señalan el largo desarrollo del *homo sapiens* antes de llegar a la madurez sexual y la reproducción: "ese tiempo, que a las madres y padres se nos antoja eterno, nos sirve para aprender, acumular conocimientos y experiencias que nos permitirán lograr una vida eficaz como adultos" (p. 71). Esto nos permite adquirir una mayor capacidad para cuidar de otros; es decir, esa misma condición de seres vulnerables requiere la adquisición de habilidades y destrezas que permitirán cuidar a otros seres vulnerables en el futuro. Ser cuidados conduce a ser mejores cuidadores y a contribuir en la supervivencia de los iguales.

Por tanto, partir de la vulnerabilidad del ser humano tiene implicaciones muy profundas en la organización social. Implica, como ha señalado Victoria Camps (2021, p. 27), revisar los tópicos que subyacen a la concepción del ser humano moderno y reivindicar una ética del cuidado. En su argumentación, Camps rescata el cuestionamiento que emite MacIntyre (1999) en relación con la idea de sujeto moderno, entendido como un individuo racional, autónomo y autosuficiente, en lugar de como un ser vulnerable, que cuando nace no puede valerse por sí mismo y mantiene su dependencia de los adultos durante mucho más tiempo que cualquier otro animal, que incluso sigue necesitando a los otros a lo largo de su vida; en especial, en la vejez y la enfermedad (Camps, 2021, pp. 26-27).

El estudio del valor del cuidado se impulsó en los años ochenta a partir de los trabajos de la psicóloga estadounidense Carol Gilligan (1982). Bajo el sugerente título de su libro, *In a Different Voice* (1982), mostraba su desacuerdo con las tesis de su maestro, Lawrence Kohlberg, acerca de las diferencias entre las chicas y los chicos en el desarrollo moral. La interpretación cognitivista de Kohlberg sobre las respuestas de los menores a los dilemas morales que se les presentaban atribuía a los niños una mayor madurez respecto de las niñas, porque aquéllos respondían en términos de justicia y éstas en clave de sentimientos humanitarios. En cambio, para Gilligan, el hecho de que las niñas discurren desde otros parámetros no significa que su sentido moral sea menos maduro, sino que la diferencia que motiva su decisión no está tanto en la justicia como en el cuidado (Camps, 2021, p. 22). Las implicaciones que tienen las tesis de la filósofa estadounidense en el plano político y social no son menores, tal y como advirtió la propia Gilligan (2011) en la reedición de su libro, al distinguir entre una ética *femenina* del cuidado, propia del marco social patriarcal, y una ética *humana* del cuidado, propia de un marco democrático. Con su *teoría ética del cuidado*, Gilligan "consiguió dar un giro al marco conceptual del patriarcado y diseñar una nueva teoría que ensancha el horizonte de la ética y de la democracia" (Escámez-Sánchez y Gil-Martínez, 2023, p. 37). A la estela abierta por esta autora se sumaron posteriormente otras filósofas destacadas, como la estadounidense Nel Noddings y la canadiense Joan Tronto, quienes con sus trabajos han contribuido al desarrollo de esta ética del cuidado (García, 2021).

Un estilo familiar que atiende a este cuidado de la infancia encuentra dificultades evidentes ante la separación impuesta por las prioridades de las democracias neoliberales entre trabajo productivo y trabajo reproductivo. En palabras de Camps, haber separado ambas esferas constituye un error del pensamiento racionalista moderno, cuando lo que deberían haber hecho es complementarse. Las reivindicaciones feministas y los derechos de la igualdad han puesto de manifiesto no sólo el derecho de las mujeres a tener parte en la actividad productiva con su esfuerzo y beneficio, sino también el valor de los trabajos que se desarrollan en torno a su vida reproductiva. Se reconoce el valor imprescindible de los cuidados para la prosperidad y la cohesión social (Camps, 2021, pp. 19-20). En este sentido, una familia que se constituye como un espacio de sostenibilidad, basado en la confianza, ubica los cuidados en el centro de la vida familiar y busca que sean compartidos por todos.

Ahora bien, cuidar no es simplemente estar y acompañar a otro para atender sus necesidades primarias y deseos inmediatos, sino ofrecer un *plus* de atención y dedicación que facilite su relación con el mundo y la realidad de las cosas. Puesto que este cuidado parte de una relación desigual, en la que uno necesita al otro, es deseable que el cuidador cultive y despliegue una serie de virtudes tales como la disponibilidad, la veracidad, la competencia, la confianza, la paciencia, la comprensión, la afabilidad, el consuelo, la alegría y el cuidado de sí (Camps, 2021, p. 133), orientadas –cabe añadir– a transmitir al otro, de la forma más amable posible, la necesaria integración de limitaciones y posibilidades que la relación con el mundo le depara. Ante las frustraciones y satisfacciones propias de la vulnerabilidad humana, la tarea requiere hacerse cargo de la necesaria contención pacificadora del otro –diría el psicoanálisis– para que aprenda a relacionarse consigo mismo y con los demás. En el fondo, en el modo en el que cuida, el cuidador manifiesta su propio modo de ser en relación consigo mismo y con el mundo que le rodea. Así lo ha señalado Marina Garcés (2016) en *Fuera de clase* cuando escribe:

> Somos lo que hacemos, somos lo que decidimos, somos lo que pensamos. Pero yo añadiría: somos, sobre todo, cómo nos tratamos. Cómo tratamos las cosas, a nosotros mismos y a los demás define nuestra posición en el mundo. No hay nada más evidente, a la hora de conocer a una persona, que ver cómo trata sus cosas o las personas que le sirven o atienden. Da igual que sea de derechas o de izquierdas, de una clase social u otra, de una cultura conocida o lejana: nos posicionamos en el mundo a través del trato que le damos (p. 13).

La redefinición de la experiencia de la parentalidad

Una visita rápida a la sección de parentalidad de una librería nos permite constatar que, durante los últimos años, se han incrementado notablemente un tipo de publicaciones –narradas mayoritariamente por mujeres– que analizan la maternidad y la paternidad a partir de la autoficción y del ensayo. En su mayoría se trata de libros que siguen la estela abierta por Jane Lazarre (1976) con el clásico del feminismo *El nudo materno*. Se trata de autoras, entre las que cabe destacar a la ya citada Carolina del Olmo y a Diana Oliver (2022), que tienen un punto de partida común en sus trabajos: analizar las ambivalencias de la experiencia de la maternidad y la paternidad para mostrar la compleja reconfiguración que está teniendo lugar en el terreno de la crianza familiar y las dificultades para llevarla a cabo satisfactoriamente.

La búsqueda por vivir la experiencia de la maternidad y la paternidad centrada en la ética del cuidado se topa con múltiples dificultades en el contexto neoliberal actual. En este sentido, resuenan las tesis señaladas anteriormente respecto de la necesidad de complementariedad entre el trabajo productivo y el trabajo reproductivo. En palabras de del Olmo (2013, pp. 56-57): "hemos desarrollado una tradición ética humanista y tenemos conocimientos y sensibilidad para preocuparnos de los derechos de las minorías y por el bienestar de los más débiles, pero vivimos en una sociedad en la que cuidar de los más vulnerables es una tarea menospreciada que resulta cada día más difícil de asumir".

En este sentido, el ensayo de Diana Oliver (2022), *Maternidades precarias. Tener hijos en el mundo actual entre el privilegio y la incertidumbre*, señala que es necesario desproblematizar la maternidad. En su opinión, el centro de las dificultades por las que hoy atraviesa la parentalidad no es la propia experiencia de ser madre o padre, sino el conjunto de los factores económicos, sociales e incluso culturales que impiden vivirla con la plenitud a la que se aspira. Su reivindicación señala la necesidad de dotar de un nuevo significado a la maternidad y los cuidados parentales, así como un nuevo encaje en nuestra organización social. Ante estas dificultades, las madres (y cada vez también más los padres) que pueden, optan por disminuir sus vidas profesionales durante un tiempo a través de reducciones de jornada, excedencias o directamente dejando de trabajar.

Es interesante observar cómo durante las décadas de los años 80 y 90 del siglo pasado la parentalidad era vivida con otros condicionantes, pues la mujer se había incorporado recientemente al mundo laboral y predominaba un impulso por liberarse de lo que eran consideradas las ataduras propias del hogar y del cuidado de los niños. Teniendo en cuenta los cambios generacionales que se han producido en España, a las madres de los años 80 y 90 "su huida del cuidado como destino femenino les impedía comprender el cuidado como algo distinto del sacrificio" (del Olmo, 2013, p. 43); aunque hoy día, los múltiples cuidados y atenciones dedicadas a la infancia no son conceptualizados tanto en términos de sacrificio, sino más bien como parte de la experiencia que supone la propia maternidad y paternidad, a pesar de que lleve implícita la renuncia a ciertas cosas.

Con todo, entender la familia como espacio de sostenibilidad implica ubicar los cuidados en el centro de la vida familiar. La infancia y la adolescencia, como etapas de especial vulnerabilidad, necesitan de cuidados y atenciones que se prolongan durante un tiempo considerable de la vida.

Con ello, se configura una situación de dependencia que puede ser vivida de manera positiva y más o menos consciente por los propios menores, al tiempo que aprenden su futura tarea de cuidar a otros. Así, al menos, lo refleja la anécdota que recoge Santiago Alba Rico en su libro *Leer con niños* (2015), en la que a una niña de tres años se le preguntó "¿para qué sirven los niños?". Y ella respondió: "para cuidarlos".

> Si la pedagogía no ha dejado de explorar la influencia que la presencia y la educación tiene sobre los hijos, no se ha fundado todavía una pedagogía invertida que explique la influencia que la presencia y la educación de los niños ejercen sobre los hombres. ¿Para qué sirven los niños? Para cuidarlos, es decir, *para volvernos cuidadosos* (Alba, 2015, pp. 172-173).

EL RIESGO DE EDUCAR PARA LA LIBERTAD

De acuerdo con lo planteado en las páginas anteriores, se puede sostener que la vida familiar proporciona el *lugar natural protegido* de llegada al mundo y la primera configuración del *yo*; mientras que la vida social depara el *lugar cultural de destino creativo* de ese *yo*. Entre ambos lugares –uno más seguro y otro más desafiante–, la escuela se presenta como un ámbito intermedio entre familia y sociedad, al extender subsidiariamente la protección necesaria para aprender a participar en sociedad. Por tanto, la misión de la escuela continúa la función protectora de la familia y fortalece su iniciación social hacia la apertura y la contribución personal al bien común.

La escuela se configura como una comunidad de aprendizaje cuyos objetivos y valores se comparten entre sus miembros, ofreciendo una forma de protección y seguridad que se basa más en la confianza de pertenecer a una misma comunidad que en el establecimiento de normativas de funcionamiento y convivencia (Ugarte *et al.*, 2022). Si bien la norma ayuda a gestionar y administrar la dirección y la organización escolar, la tendencia moderna a desarrollar interminables reglamentos y códigos de conducta amenaza con vaciar de sentido la propia educación, al someter la conducta a detallados patrones de actuación.

La explicación de por qué es mejor actuar de una determinada manera y no de otra, no se encuentra en la norma establecida por consenso, sino en el sentido último o finalidad que suscitó la norma y subyace a su formulación. Como advierte Recalcati (2014), cabe distinguir entre la regla y la ley que la inspira, que sería ese sentido último. Corresponde al educador trasladar al alumnado ese sentido según la edad y capacidad de comprensión, bastando a menudo explicaciones directas y comprensibles en un clima de confianza mutua. Decir "no pegues a tu compañero porque le haces daño" en lugar de "porque te vas a quedar sin recreo" permite afirmar la conducta deseable para el bien del otro y de todos –vivir pacíficamente–, y es mejor que reprobar la conducta inapropiada señalando el perjuicio particular que sufrirá como resultado extrínseco a la conducta.

Esta afirmación no pretende defender la ausencia de medidas correctoras ante conductas inapropiadas sino reclamar que, cuando aquéllas requieran ser aplicadas, se acompañen de una explicación de sentido y no solo de una razón normativa y punitiva. Cuando el profesorado satura de normas y reglamentos su estilo educativo, está enseñando a actuar bajo la dependencia constante de criterios externos y ahoga la libertad personal. En el otro extremo, un estilo basado en una fe ciega en el crecimiento humano autónomo y autorregulado, que no necesita de pautas ni orientaciones, corre el riesgo de desatender las referencias de seguridad necesarias para crecer en libertad, ya que, sin buscarlo, acaba suscitando el sometimiento a la ley del más fuerte. Lo expone ejemplarmente la novela de William Golding (1954), *El señor de las moscas*, donde un grupo de náufragos preadolescentes acaba instaurando el régimen del terror en una isla desierta.

Bajo esta cuestión subyace el mismo dilema tratado en el apartado anterior sobre los estilos parentales, cuando se hablaba de la necesidad de acoger la vulnerabilidad humana en la vida familiar. Y la solución a ambos pasa por evitar la dicotomía recurrente entre educación autoritaria y educación permisiva mediante un enfoque integrador, que entiende la educación como un *saber hacer* entre el control excesivo que todo lo supervisa y el *laisser faire* laxo que se desentiende de todo. La imagen del arnés del escalador ya mencionada resulta muy gráfica para indicar esa síntesis que posibilita y sujeta al mismo tiempo; que ofrece apoyo y sujeción; que permite los movimientos y, a la vez, los limita. Lógicamente, el arnés se debe ir ajustando con pericia a cada persona y situación. Y esta tarea corresponde a los educadores: padres, madres y maestros.

El arte del educador requiere el dominio de conocimientos y técnicas, que no se improvisa, y que se manifiesta en un estilo educativo personal, adquirido con el ejercicio de su libertad para actuar de manera responsable y comprometida con cada paso –hacia delante o hacia atrás– que va dando con su alumnado. Por tanto, el educador –como el artista, cuando crea su obra– pone en juego su propia libertad y la del alumnado al conducirlo en busca del camino propio para cada uno, cuyos márgenes se ensanchan o estrechan a medida que el sujeto actúa en una u otra dirección. Lo expresa bien el poeta cuando afirma que "se hace camino al andar", y también el escalador cuando es consciente del riesgo de que sus pasos le conduzcan bien hacia la cima o, por el contrario, hacia un callejón sin salida o al despeñadero.

Se trata de una cuestión importante, ya que el riesgo mencionado compromete la misma relación educativa, que queda vinculada, –es decir, sujeta–, a la confianza y sostenibilidad que genera. No hay ejemplo más gráfico que el que se observa cada vez que un padre o una madre anima a su hijo, encaramado en alguna altura, exhortándolo: ¡salta, que te agarro! Se da un acto de confianza mutua que permite el salto al vacío. Se podría afirmar que la condición de posibilidad de una educación para la libertad se encuentra, sobre todo, en la presencia vinculante del educador. La confianza que ofrece su vinculación posibilita la acción del sujeto, no solo porque le ofrece garantías acerca de sí mismo y de su propia capacidad, sino también porque le ofrece la posibilidad de tentativa y error. Por tanto, esa presencia vinculante del educador actúa como sustento –sostenibilidad– de una educación para la libertad: la apuesta que hace el educador al tomar partido por el otro brinda la oportunidad de equivocarse y rectificar, ofrece la sujeción necesaria para caminar hacia adelante o hacia atrás en nombre propio, sin dar pasos en falso.

Cabría ahondar más en este vínculo de confianza que el educador establece con el sujeto. En esta apuesta que hace por el otro, el educador hace entrega o donación de sí mismo, porque pone en juego su propia libertad: de algún modo, *se la juega* por el otro. En esta entrega hay que subrayar el *don* del vínculo, cuya manifestación concreta se puede palpar en la disponibilidad y la responsabilidad propias de la relación educativa (Martín *et al.*, 2019).

En definitiva, la cuestión no es centrar la educación en el menor o en el adulto, sino *en la relación que establecen entre ellos a partir de la posición que cada uno ocupa* respecto del fin perseguido, que es el bien del menor. En esta relación, el adulto –y no el menor– es quien ocupa la posición de responsabilidad respecto de la definición y consecución de ese fin. Es decir, como figura de apego o referencia para poder sostener, contener, sujetar al menor con amabilidad y firmeza, al mismo tiempo, a la hora del llanto o de la frustración, de la rabia, la euforia o la pulsión, es importante que el educador tenga clara su posición para que no traslade o cargue con esa responsabilidad al menor –o a otras figuras externas– a causa de sus propias limitaciones, frustraciones o inseguridades como adulto.

Llegados a este punto, conviene examinar algunos modos particulares de manifestarse ese vínculo educativo para comprender cómo se hace de la educación una tarea de *sostenibilidad*.

LA MIRADA PEDAGÓGICA COMO MANIFESTACIÓN DE SOSTENIBILIDAD EDUCATIVA

La formación de maestros es uno de los objetivos principales de los mencionados programas de la Unesco para una educación transformadora. Este capítulo, por su parte, señala la necesidad de incluir en esa formación la cuestión de una *sostenibilidad educativa* que supere la idea puramente instrumental de la educación, entendida como sistema de transmisión de valores sociales. Se trata de una idea de sostenibilidad que va más allá de la conservación del medioambiente, la economía circular y la inclusión social promovidas en los documentos internacionales.

La idea de sostenibilidad que aquí se señala parte del dinamismo propio de la cultura como conjunto de creaciones humanas que se encuentra en constante puesta en valor y transformación (Martínez Ávila, 2018). En la cadena de transmisión cultural entre generaciones propia de la educación, el legado se encuentra en suspensión hasta su nueva revalorización, es decir, hasta que es valorado, reinterpretado y recreado por las nuevas generaciones. Esto significa que la supervivencia y la continuidad del legado reclaman la libertad creadora de las nuevas generaciones que, a su vez, tratarán de sostenerlo enriquecido para las futuras generaciones (Vercelli, 2017). Una conservación estática, de *momificación* del patrimonio humano, puede acabar destruyendo el propio legado y su continuidad. En el extremo opuesto, prescindir del legado cultural en la tarea educativa, en una pura invención constante sobre *tabula rasa*, puede resultar una metodología errática y estéril a la hora de proyectar el futuro humano.

Por consiguiente, la sostenibilidad educativa consiste en la apertura receptiva de la vida humana y la cultura transmitida por otros y, a la vez, transmisible a otros a través de su conservación dinámica, recreadora y enriquecida de valor. Tal como afirmaba Gallopin (2003, p. 21), todos los sistemas vivos son cambiantes y lo fundamental no es eliminar los cambios, sino evitar la destrucción de las fuentes de renovación a partir de las cuales el sistema puede recuperarse de las inevitables tensiones y perturbaciones a las que está expuesto debido a su condición de sistema abierto; es decir, vulnerable.

Por tanto, en términos de enseñanza y aprendizaje, cabría afirmar que, si bien esta sostenibilidad educativa intergeneracional se inicia en la repetición y continuidad del saber transmitido por otro que va por delante en el camino, ofreciendo garantías de un futuro posible, ésta sólo culmina realmente cuando el sujeto atraviesa la contingencia singular de su aprendizaje y lo transforma en saber y patrimonio propios (Touriñán, 2011), en nuevo saber, realizando la *promesa recíproca* entre generaciones de la que habla Mancini (2008). Este nuevo saber, no de repetición, sino de nueva generación, es el que hace de la educación una práctica de sostenibilidad intrínsecamente transformadora de la realidad. Gilles Deleuze (1968, citado en Recalcati, 2014) lo explicaba gráficamente con el ejemplo de un niño en una playa, que primero aprende a nadar repitiendo en el aire los movimientos de los animales, tal como se los enseña su maestro, pero solo aprende realmente cuando es él mismo, con sus propios movimientos, como sujeto singular, el que se enfrenta a la contingencia de las olas del mar. Ahora bien, esta conquista de libertad para entrar en relación nueva con el mundo no es posible sin la mirada pedagógica que la garantiza y, al mismo tiempo, la sostiene de sus posibles caídas. Es decir, que el maestro debe quedarse y permanecer vigilante ante el paso entre las olas para que aquella conquista resulte positiva.

La visión posmoderna sobre el protagonismo del sujeto de aprendizaje ha restado importancia al papel del profesorado en este proceso de transformación. Ha dado lugar, sin duda, a efectos positivos, como las metodologías participativas, pero también ha provocado efectos nocivos, como la desmotivación y el abandono escolar a consecuencia de una pretendida autonomía del sujeto. Así se pone de manifiesto la necesidad de recuperar la importancia del profesorado para hacer del aprendizaje una transformación real. Para salvar la brecha que separa el aprendizaje por repetición del aprendizaje singular, el sujeto necesita el testimonio de otro que le mire como alguien *insustituible* ante la tarea de aprender; pero esta mirada del otro que afirma la singularidad del *sujeto* de aprendizaje se extiende también al *objeto*, ofreciendo garantías de posibilidad respecto de tal aprendizaje. Bajo esta doble mirada, la mediación pedagógica del profesor, maestro o educador sostiene la relación particular que cada sujeto establece con su entorno mientras dicha relación se encuentra todavía en su fase tentativa. De alguna manera indirecta, al enseñar, cada profesor muestra su particular forma de mirar y comprender el mundo, de modo similar a un cineasta que a través de las imágenes de sus películas presta provisionalmente su mirada particular al espectador.

Para tal fin, se requiere revisar la formación teórica y práctica del profesorado y reforzar una mirada profunda de sentido sobre el mundo que revalorice el legado histórico transmitido y aprecie sus múltiples posibilidades de conservación y transformación creativa. La tarea de enseñar consistirá entonces en mostrar las cosas en profundidad, contemplarlas a fondo, interrogarse por sus posibilidades, apreciar su valor y belleza bajo la mirada atenta del alumnado, que primero imitará todo aquello, para recrearlo después por sí mismo en una nueva forma; esto es, *transformándolo*. No es suficiente transmitir las posibilidades del saber mediante avanzadas técnicas y estrategias de enseñanza; es necesario, además, que el profesorado mantenga su mirada pedagógica atenta a todo el proceso para que el aprendizaje alcance su fase transformadora y creativa (Touriñán, 2011).

Por medio de esta mirada, el educador permanece a cierta distancia del alumno, corrigiendo y al mismo tiempo motivando, mientras éste se enfrenta por sí mismo a las diversas contingencias del aprendizaje, con sus dificultades y satisfacciones. Tal como indica la etimología de la palabra *sostener* mencionada al inicio de este escrito, se trata de una mirada *atenta y firme*, capaz de *afirmar* al otro y *sujetarle* si fracasa; y, a la vez, es una mirada *atenuada* por la *ternura* que inspira comprobar cómo ese otro singular afronta el reto de aprender por sí mismo.

Basta comprobar, a modo de ejemplo, una ocasión común en la vida familiar, cuando el reclamo de un hijo o una hija que intenta alcanzar una nueva hazaña –saltar una altura, montar en bicicleta, nadar, etc.– se expresa solicitando la mirada atenta y continuada de su madre o padre: "mírame cómo lo hago, no dejes de mirarme en todo el rato". El mirar tiene al mismo tiempo algo de distancia y de proximidad; lanza desde lejos un cable firme y, a la vez, tenue, que facilita el arte de educar, entendido como aquel saber hacer que oscila entre *dejar hacer* y controlar, entre soltar y sujetar. Permite al sujeto superar tanto la inseguridad que provocaría una excesiva dejación, como la dependencia causada por un exceso de control; y con ello, ganar la confianza necesaria para salvar por sí mismo aquel salto del aprendizaje que va, en términos de Lévinas (1971), del número al nombre; esto es, de la *conformidad* anónima de la repetición a la *transformación* nominal de la creación (Recalcati, 2020).

En general, se puede observar cómo las tendencias actuales inclinan la balanza hacia la dejación excesiva que provoca, junto a otros factores del contexto histórico-social, una mayor inseguridad, que se traduce al final en ansiedad no controlada. Esta ansiedad se ha convertido en un rasgo característico de las generaciones actuales, en las que se advierte un aumento generalizado de conductas patológicas, tales como la anorexia nerviosa, la bulimia, las adicciones, las fobias sociales (como el *hikikomori*) o las autolesiones, que pueden acabar en suicidio o en enfermedades mentales graves como la depresión o la disociación.

La falta de referentes de confianza, cuya vinculación alentaría la esperanza de un futuro posible, provoca una inseguridad patológica que acaba resultando en angustiosa soledad, ante la imposibilidad de superar la distancia que separa el mundo interior de la realidad exterior, convirtiéndose ésta en una realidad cada vez más ajena, desconocida y amenazante. Para el psiquiatra español Fernando Colina, la historia humana va presentando nuevas formas de sufrimiento desconocidas, que reflejan el abismo propio y característico de cada época. Hoy se trata de "las consecuencias que experimentan algunos desafortunados ante la abertura excesiva de esa grieta contemporánea que define nuestro tiempo" (Colina, 2020, p. 24).

El reto educativo actual no consiste tanto en equilibrar la balanza para recuperar el control de prácticas educativas ya superadas, sino en profundizar en las problemáticas actuales y contribuir a su solución, apuntando, como meta principal de una educación transformadora, a la conquista de la libertad para caminar con actitud abierta y esperanzada hacia la plenitud de la propia vida en bien de toda la sociedad. Conocedora la sociedad del valor singular de cada individuo de cara al bien común, ésta debe organizarse en torno a la sostenibilidad educativa en el sentido que se ha venido explicando hasta aquí; esto es, el de mirar por todos y cada uno, procurando las condiciones sociales que, más allá de sus funcionalidades, les permitan recorrer un camino personal por lugares que, dentro de un mundo común a todos, se encuentran aún sin explorar.

CONCLUSIONES

En línea con lo que exponen estas páginas, se podrían continuar desarrollando nuevos epígrafes que fueran concretando más posibilidades de educación transformadora, atendiendo a los criterios planteados de sostenibilidad y creatividad humana. Sin embargo, tal como también se ha explicado anteriormente, las concreciones educativas se aplican según cada situación particular, por lo que esta aportación se limita a plantear la reflexión de unas ideas que pueden orientar posteriores discusiones académicas y prácticas educativas. Toca ahora concluir con aquellas más significativas y dejar abiertas líneas de reflexión para aportaciones y propuestas que puedan redundar en la realización de una educación efectivamente transformadora.

1. Resaltar la importancia del apoyo a las familias, como lugares originarios de la creatividad humana, para una crianza y educación saludables tanto física como psíquicamente. Generar las condiciones sociales para facilitar una crianza y educación en la que padres

y madres puedan desarrollar su responsabilidad como adultos vinculantes.

2. Tomar conciencia de la necesidad de la formación del profesorado en contenidos humanistas para promover la reflexión y el compromiso en la toma de decisiones individuales que afectan al desarrollo creativo del alumnado y a su propio desarrollo profesional y personal.

3. Subrayar la importancia de la autonomía y la flexibilidad de la escuela a la hora de definir sus prioridades educativas en sintonía con un sistema de valores compartido, que impregna la cultura escolar de un ambiente de confianza en el que todos los miembros de la comunidad puedan desenvolverse con libertad.

4. Promover la reciprocidad intergeneracional que favorece la sostenibilidad de la humanidad, redescubriendo el capital social que contiene la experiencia de los mayores y descalificando los planteamientos edadistas.

5. Ofrecer, según esta misma reciprocidad, la proyección de un futuro posible a las jóvenes generaciones, desde un enfoque positivo y posibilitador, no catastrofista, ni culpabilizador, sino todo lo contrario, reconociendo la promesa de futuro que significa la juventud para la sostenibilidad del mundo y de las generaciones adultas.

REFERENCIAS

Alba Rico, S. (2015). *Leer con niños*. Literatura Random House.

Anscombe, G. E. M. (1981). The First Person. En *Metaphysics and the Philosophy of Mind* (pp. 21-36). Blackwell.

Berger, P. y Luckmann, T. (1972). *La construcción social de la realidad*. Amorrortu.

Bermúdez de Castro, J. M. y Bermúdez de Castro, E. (2017). *Pequeños pasos. Creciendo desde la prehistoria*. Crítica.

Bonagura, P. (1991). *Exterioridad e interioridad. La tensión filosófico-educativa de algunas páginas platónicas*. Eunsa.

Bustos, M. N. (2009). Los hermanos de Terencio: un conflicto de caracteres. *Circe*, *13*(1), 65-73. https://repo.unlpam.edu.ar/handle/unlpam/4659

Camps, V. (2021). *Tiempo de cuidados. Otra forma de estar en el mundo.* Arpa.

Choza, J. (1987). *Manual de Antropología Filosófica.* Rialp.

Colina, F. (2020). *Sobre la locura.* Enclave de Libros.

del Olmo, C. (2013). *¿Dónde está mi tribu? Maternidad y crianza en una sociedad individualista.* Clave intelectual.

Deleuze, G. (1968/2011). *Differènce et répétition.* Presses Universitaires de France. https://doi.org/10.3917/puf.deleu.2011.01

Delors, J. (1996). *La educación encierra un tesoro.* Informe a la Unesco. Santillana/Unesco.

Escámez-Sánchez, J. y Gil-Martínez, R. (2023). *El principio ético del cuidado.* La Tapia.

G. Amilburu, M. (2011). Cultura. En *Philosophica: Enciclopedia filosófica on line*, http://www.philosophica.info/archivo/2011/voces/cultura/Cultura.html

G. Amilburu, M. (2018). ¿Existe una vida humana puramente natural? En M. Pérez de Laborda, F. J. Soler Gil y C. E. Vanney, *¿Quiénes somos? Cuestiones sobre el ser humano* (pp. 74-78). Eunsa.

G. Amilburu, M. y García, J. (2012). *Filosofía de la Educación. Cuestiones de hoy y de siempre.* Narcea.

Gallopin, G. (2003). *Sostenibilidad y desarrollo sostenible: un enfoque sistémico.* Naciones Unidas. CEPAL/ECLAC.

Garcés, M. (2016). *Fuera de clase.* Galaxia Gutenberg.

García Carrasco, J. (2022). Nos pusieron a mamar, nos ayudaron a ponernos de pie y aprendimos a comunicarnos: nos hicimos humanos. En A. García del Dujo (Coord.) *Pedagogía de las cosas. Quiebras de la educación de hoy* (pp. 185-190). Octaedro.

García, A. (2021). *Posibilidades de contribución de la ética del cuidado a una educación para todos. Pensar los sentimientos públicos* [Tesis doctoral, Universidad Complutense de Madrid].

Geertz, C. (1987). *La interpretación de las culturas.* Gedisa.

Gehlen, A. (1940/1987). *El hombre: su naturaleza y su lugar en el mundo.* Sígueme.

Gilligan, C. (1982/2011). *In a different voice: Psychological theory and women's development.* Harvard University Press.

Golding, W. (1954). *The Lord of the Flies.* Faber and Faber.

Klein, M. (2011). *Love, Guilt, and Reparation: and other works 1921-1945.* The Hogarth Press.

Lazarre, J. (1976). *El nudo materno.* Las Afueras.

Lévinas, E. (1977). *Totalidad e infinito. Ensayo sobre la exterioridad.* Sígueme.

MacIntyre, A. (1999). *Dependent Rational Animals: why human beings need the virtues.* Duckworth.

Mancini, R. (2008). *La buona reciprocità. Famiglia, educazione, scuola.* Cittadella.

Mari, G. (2019). *Educazione come sfida della libertà.* Scholé.

Martín, X., Gijón, M. y Puig, J. M. (2019). Pedagogía del don. Relación y servicio en educación. *Estudios sobre Educación, 37,* 51-68. https://doi.org/10.15581/004.37.51-68

Martínez Álava, C. J. (2018). Desarrollo, innovación y valor en torno al patrimonio cultural de Navarra. *Príncipe de Viana, 270,* 231-249. https://revistas.navarra.es/index.php/PV/article/view/939

Musaio, M. y Urpí, C. (2016). La pedagogía de la creatividad como perspectiva para la educación del futuro. *Pedagogia e Vita, 74,* 243-263.

Nussbaum, M. C. (2010). *Por qué la democracia necesita de las humanidades.* Katz.

Oliver, D. (2022). *Maternidades precarias. Tener hijos en el mundo actual entre el privilegio y la incertidumbre.* Arpa.

Ortega y Gasset, J. (1914). *Meditaciones del Quijote.* Alianza.

Pring, R. (2003). La educación como práctica educativa. En M. G. Amilburu, *Claves de filosofía de la educación* (pp. 29-48). Dykinson.

Recalcati, M. (2014). *L'ora di lezioni. Per un'eròtica dell'insegnamento.* Einaudi.

Recalcati, M. (2020). *El secreto del hijo. De Edipo al hijo recobrado.* Anagrama.

Seguró, M. (2023). La vulnerabilidad que duele y la que no. *Filosofía & Co, 5,* 7-9.

Spaemann, R. (2010). *Personas: Acerca de la distinción entre algo y alguien*. Eunsa.

Touriñán, J. M. (2011). Intervención Educativa, Intervención Pedagógica y Educación: La Mirada Pedagógica. *Revista Portuguesa De Pedagogia. Extra-Série: Número de homenagem ao Professor Doutor João José Matos Boavida*, 283-307. https://doi.org/10.14195/1647-8614_Extra-2011_23

Ugarte, C., Urpí, C. y Costa-París, A. (2022). The need of autonomy for flexible management in the fostering of school quality. *International Journal of Leadership in Education, 25*(1), 124-146. https://doi.org/10.1080/13603124.2019.1708468

Unesco (2022). *Reimaginar juntos nuestros futuros: un nuevo contrato social para la educación*. Unesco y Fundación SM. https://unesdoc.unesco.org/ark:/48223/pf0000381560

Urpí, C. (2022). La creatividad artística como fuente de libertad personal y social. En C. Urpí (Ed.), *Creatividad y bienestar en contextos educativos y sociales* (pp. 7-12). Narcea.

Vercelli, A. (2017). *Crisis and sustainability. The Dilusion of Free Markets*. Palgrave Macmillan.

Winnicott, D. W. (2013). *Realidad y juego*. Gedisa.

CAPÍTULO 4

LAS TRANSFORMACIONES EDUCATIVAS EN PERSPECTIVA POLÍTICA Y SOCIAL

Gonzalo Jover Olmeda
(Coord.)
*Universidad Complutense
de Madrid*

Mónica Gijón Casares
Universitat de Barcelona

María Jesús Vitón de Antonio
*Universidad Autónoma
de Madrid*

Resumen: Reflexionar sobre la *praxis* educativa en su potencial transformador desde una perspectiva política y social, exige considerar los obstáculos y las posibilidades de una pedagogía comprometida con una política democratizadora y con el cuidado del mundo. En este capítulo abordaremos esa reflexión desde un doble punto de vista, crítico y proactivo. Comenzaremos analizando algunos gestos empobrecedores que limitan la comprensión de ese potencial transformador. Nos referiremos, por un lado, a la despolitización de la política educativa, que se ha instalado hoy como narrativa oficial, en la que la educación se desubica ideológicamente, las medidas a adoptar se justifican en los resultados de evaluaciones nacionales e internacionales, y el sentido de las mejoras no lo marca ni la ciudadanía ni una concepción explícita del ideal educativo, sino el análisis de los expertos. Por otro, consideraremos el vaciamiento pedagógico de la educación, que se concreta en el carácter terapéutico, el empobrecimiento de las prácticas pedagógicas y la reducción de la relación educativa a una suerte de "vinculismo" neutralizador. A partir de estas limitaciones, los dos apartados siguientes de la ponencia adoptarán una mirada propositiva. Para ello, nos situaremos en las posibilidades que el giro decolonial y poscolonial supone para una Teoría de la Educación auténticamente transformadora, finalizando con una propuesta construida sobre los ejes de la ética de la escucha y el compromiso comunitario, que recoge los ecos de voces pacifistas, ecologistas y feministas, desde donde generar entornos democratizadores comprensivos de saberes, conocimientos y prácticas.

Palabras clave: Despolitización, Despedagogización, Decolonialidad, Ética de la escucha, Praxis comunitaria.

INTRODUCCIÓN

Una consulta a la base de datos Scopus arroja 948 artículos publicados en los últimos cinco años que incluyen como *keywords* los términos "education" y "transformation". La mayor parte de estos artículos (610) corresponden al área de ciencias sociales, con resultados también relevantes, de 100 publicaciones o más, en las de ciencia de la computación (183), ingeniería (154), arte y humanidades (124) y economía, gestión y contabilidad (100). Las palabras clave más asociadas a estos conceptos, con más de 50 resultados, son "digital transformation" (247), "higher education" (183), "human" (132), "article" (116), "humans" (84), "e-learning" (73), "engineering education" (72), "learning" (63), "teaching" (59), "students" (59), "human experiment" (54), "covid-19" (51) y "adult" (51). Con menos resultados, aparece asociado el *keyword* "social transformation" (33), mientras que la combinación con "politics" o "political" da 15 resultados.

Por tanto, aunque la vinculación de la educación con la idea de transformación da lugar a aproximaciones diversas, no predomina en ellas las que tienen que ver con una orientación social y política. La producción académica no hace, en este sentido, sino seguir lo que sucede en el plano de las realizaciones, donde se asiste a una despolitización del discurso político de la educación, paralela a una despedagogización de la acción pedagógica, presente en diferentes contextos (Mejía, 2020, p. 101).

Tras analizar esas perspectivas reduccionistas, en estas páginas reflexionaremos sobre la transformación educativa desde un horizonte democratizador, que implica una lógica y una dialógica decolonial (Moya y Larkin, 2022). Estas epistemologías abren la Teoría de la Educación a otros enfoques, diferentes del discurso dominante, y nos ayudan a dar forma a una propuesta de educación transformadora, atravesada por una mirada de género comprometida (Comins, 2009), y asentada en una ética de la escucha y una práctica comunitaria que mira al desarrollo sostenible y la cultura de paz.

GESTOS EMPOBRECEDORES

La despolitización del discurso político en educación

La investigación internacional, auspiciada por organismos como la OCDE y el Banco Mundial, se ha convertido hoy en el fundamento de las decisiones acerca de la configuración de los sistemas educativos. Como señala Hogan en un reciente trabajo, ésta define la calidad de la educación. Y está bien que quienes deciden las políticas educativas, internacionales, nacionales o locales, estén abiertos a lo que tenga que decir la investigación basada en evidencias. El problema es que, en los programas auspiciados por esos organismos, como el *Programme for International Student Assessment* (PISA), se utiliza una concepción limitada de lo que cuenta como evidencia, centrada en ciertos parámetros cuantificables. Ello origina una reducción del concepto de calidad educativa, que pasa por alto las cosas más significativas que suceden en la experiencia diaria de las aulas (Hogan, 2023).

La cuestión no es negar el valor que pueden tener estos programas, en algunos de los cuales, como el propio PISA, indica Hogan, se detecta cierta evolución en la dirección de visiones más amplias de la calidad de la educación, que consideren cómo es experimentada ésta por sus sujetos (Hogan, 2023, p. 6). Pero hay que alertar sobre ciertos usos que pueden hacerse de esos programas que abonan un concepto restringido de educación, del mismo modo que lo hacen con el de calidad. La evolución del sistema educativo español durante las últimas décadas es un claro ejemplo de este uso. Pocas veces, como ahora, se ha oído hablar más en nuestro país de la necesidad de hacer más pedagogía desde la política, como no hace mucho pedía el Presidente del Gobierno español a sus cargos públicos (Muñoz, 2022). Que se hable de pedagogía en los medios nunca viene mal, aunque sea para referirse a ella en un sentido restringido. Sin embargo, la vía contraria no parece contemplarse, y a lo que se asiste es a la progresiva marginación de contenidos explícitamente políticos en el debate público acerca de la educación. De este modo, mientras que en los años ochenta y comienzos de los noventa del siglo anterior, la discusión en torno a los cambios en la legislación educativa tenía un carácter marcadamente ideológico, a partir del año 2000, coincidiendo con la participación de España en el programa PISA, las transformaciones legislativas se basan, por lo general, en justificaciones de carácter pretendidamente técnico y neutral. En concreto, desde la elaboración de la *Ley Orgánica de Calidad de la Educación* (LOCE), aprobada en el año 2002 y nunca puesta en práctica, cada vez que se ha propuesto una nueva ley, la necesidad de los cambios se ha fundamentado en los resultados claramente mejorables obtenidos en las evaluaciones internacionales, dándose la circunstancia de que los mismos resultados de estas evaluaciones se han usado para justificar políticas opuestas.

Según revela un análisis de los debates parlamentarios previos a la aprobación de algunas de las últimas leyes (Jover *et al.*, 2017) la apelación continua a esos resultados ha tenido un carácter fundamentalmente instrumental para ocultar el significado intrínsecamente político de la educación, en un intento, en el fondo, de negar los problemas latentes, aún no resueltos, de la historia de nuestro sistema educativo (Jover y González-Delgado, 2023). Durante la tramitación de la mencionada LOCE, la ministra llegó a afirmar que "la educación no se encuentra ni a la derecha ni a la izquierda, ni arriba ni debajo del tejido de una sociedad, sino que ocupa su centro mismo" (Congreso de los Diputados, 2002, p. 9593). La educación se desubica ideológicamente, apartándola de la confrontación política. En el debate en torno a la Ley, los datos supuestamente asépticos de las evaluaciones internacionales se convirtieron en un recurso instrumental empleado tanto por sus defensores como por sus detractores. Lo que para unos era la prueba del fracaso de la legislación anterior, para otros mostraba su éxito. Los números valían lo mismo para lo uno que para lo otro. En las siguientes reformas legislativas, con independencia del partido que la propusiera, es fácil encontrar el mismo tipo de justificación instrumental, que ilustra lo que Freire llamó "la despolitización de la política, encarnada en los discursos que dicen que lo que vale son pocas palabras, 'menos política y sólo resultados'" (Freire, 2012, p. 74).

El caso español es un ejemplo más de la sustitución del debate político por el técnico, de los objetivos ideológicos explícitos por la necesidad de un sistema internacionalmente más competitivo, que tuvo un precedente en la apertura iniciada en los años previos a la aprobación de la *Ley General de Educación* (LGE) en el tardofranquismo (González-Delgado, 2023). El trasfondo que origina esta pretendida despolitización es, curiosamente, la crítica a una excesiva politización del sistema educativo provocada por el vaivén permanente de leyes y reformas según el partido en el gobierno. Pero, cuando se habla en este contexto de "politización", la sensación se aproxima a la definición que Maquiavelo hizo de la política como conquista y mantenimiento del poder (Maquiavelo, 2010). Esta precisión es necesaria, porque la educación no puede dejar de ser política, ya que se refiere a cosmovisiones y modos de vida. Por ello, el antídoto para esa crítica de politización no es negar el significado intrínsecamente político de la educación parapetándose tras los datos. Por el contrario, lo que se requiere es trabajar sobre la política en sí misma, recuperar el sentido del juicio político, no como estrategia, sino como esa "manifestación del viento del pensar" a la que se refirió Hannah Arendt, que no es conocimiento, acopio de datos, sino "la capacidad de distinguir lo bueno de lo malo, lo bello de lo feo" (Arendt, 1978, p. 193).

Resulta interesante que, en su apelación a la despolitización ideológica de la educación, la anteriormente citada ministra de Educación apelase, precisamente, a Arendt para justificar su postura (Congreso de los Diputados, 2002, p. 9593). En su ensayo *La crisis de la educación*, la pensadora alemana afirmó, efectivamente, que "debemos separar de una manera concluyente la esfera de la educación de otros campos, sobre todo del ámbito vital público, político" (Arendt, 1996, p. 207). Pero conviene precisar el contexto en el que se produjo esta afirmación (Bárcena y Jover, 2006). El ensayo, procedente de una conferencia que Arendt pronunció en Bremen, fue publicado en *Partisan Review* en otoño de 1958, cuando la autora era ya residente americana (Arendt, 1958). Su mirada estaba puesta en el contexto americano y su crítica iba dirigida, básicamente, al modo en el que han influido en la educación algunas derivaciones del pragmatismo y la pedagogía progresista. Para Arendt, la escuela americana representa el modelo de un fenómeno a partir del cual puede seguirse la evolución de la educación moderna. El entusiasmo extraordinario por lo nuevo, palpable en las diversas manifestaciones de la vida americana, junto con la confianza en una "perfectibilidad indefinida" y la fe en cierto concepto de igualdad, en vez de asignar mayor significado a la infancia, hacen que la educación se convierta en un *instrumento* de la política y, a su vez, la propia actividad política se conciba como una forma de educación. Esta pasión por la novedad oculta en realidad una desatención al poder de comienzo que los recién llegados traen consigo. Es como si la educación de los niños y las niñas no se estableciese por y para ellos y ellas, sino que se justificase, como ya hiciera Platón, solamente porque en el futuro serán ciudadanos de la *polis*. Para Arendt la política debe quedar fuera de la educación de la infancia porque lo contrario supone negar a los niños y niñas la posibilidad, que trae consigo el hecho radical de la natalidad, de crear algo nuevo; es decir, significa subvertir su mundo posible:

> A los niños a los que se quiere educar para que sean ciudadanos de un mañana utópico, en realidad se les niega su propio papel futuro en el campo político porque, desde el punto de vista de los nuevos, por nuevo que sea el propuesto por los adultos, el mundo siempre será más viejo que ellos. Es parte de la propia condición humana que cada generación crezca en un mundo viejo, de modo que prepararles para un mundo nuevo sólo puede significar que se quiere quitar de las manos de los recién llegados su propia oportunidad ante lo nuevo (Arendt, 1996, pp. 188-189).

Ahora bien, como ha señalado Biesta, frente a la negación política de *La crisis de la educación*, la obra de Arendt contiene elementos que permiten otras articulaciones entre ambas realidades (Biesta, 2017, pp. 121-139). Así, en los manuscritos para su proyecto de *Introduction into Politics*, ésta dejó escrito que "La política se basa en el hecho de la pluralidad de los hombres. Dios ha creado *al* hombre [*Mensch*], los hombres son un producto humano, terrenal, el producto de la naturaleza humana (…) La política trata del estar juntos y los unos con los otros de los *diversos*" (Arendt, 2018a, pp. 43 y 44). La política es el ámbito de la diversidad. Pretender sustraerla de la educación significa sustituir en ella la pluralidad humana por una imagen unidireccional, en este caso la del *homo economicus*, que genera crecimiento económico y es competente para moverse con éxito en el escenario de la competitividad global.

El rechazo de Arendt a la intromisión de la política en el ámbito educativo puede considerarse una manifestación de su oposición al totalitarismo, que le llevó a recelar de cualquier promesa de progreso. Hoy, que vuelven a aflorar el extremismo y la radicalización, el discurso de la transformación debe evitar, por ello, instalarse en una visión definida del futuro deseable como fruto de un progreso histórico. Arendt lo expresó de esta manera:

> Ya no podemos permitirnos recoger del pasado lo que era bueno y denominarlo sencillamente nuestra herencia, despreciar lo malo y considerarlo simplemente como un peso muerto que el tiempo por sí mismo enterrará en el olvido. La corriente subterránea de la Historia occidental ha llegado finalmente a la superficie y ha usurpado la dignidad de nuestra tradición. Esta es la realidad en la que vivimos. Y por ello son vanos todos los esfuerzos por escapar al horror del presente penetrando en la nostalgia de un pasado todavía intacto o en el olvido de un futuro mejor (Arendt, 2018b, p. 5).

El vaciamiento pedagógico

Junto a la despolitización del discurso público, hay otros elementos, no siempre evidentes, que, al igual que aquella, contribuyen a empobrecer las posibilidades transformadoras de la educación. Algunos de ellos responden a viejas discusiones que han penetrado en la narrativa educativa con lenguajes renovados, otros son elementos que se han desarrollado al calor de los malestares actuales en las profesiones educativas y sociales. Conviene advertir que muchas de estas reflexiones se han elaborado gracias a la colaboración con equipos educativos de pedagogía social, pero quizá pueden ayudarnos a profundizar en aquello más pedagógico de la pedagogía también en la educación formal.

1. La pedagogía frente al vaciamiento pedagógico

En los últimos años se han multiplicado las voces que hablan de la pobreza cultural, académica y curricular en los centros educativos, de la progresiva falta de autoridad de los docentes y de la ausencia de una cultura del esfuerzo en los jóvenes (Moreno, 2016; Sánchez, 2019; Viguerie, 2019). Algunas de esas críticas nos han permitido tomar conciencia del anidamiento de la ideología neoliberal, y su razón individualista y competitiva, en los diferentes niveles del sistema educativo. Hablamos de un paradigma mercantilista que tiñe la producción de conocimiento y la acción pedagógica, y que ha contribuido enormemente a la generación de narrativas de la subjetividad como individuos fragmentados, emotivos y aspirantes a una felicidad acrítica y apolítica, que corren el peligro de ser devorados por el sistema sin ser conscientes de ello (Fernández Liria *et al.*, 2017). Esa radiografía también genera malestares "pedagógicos" en docentes y alumnado, ya que configura un nuevo imaginario que sitúa a los primeros como *staff* técnico de lo educativo y a los segundos como clientes eternamente insatisfechos.

Muchos de estos análisis cargan contra la pedagogía como ciencia y como *praxis*, se erigen contra la pedagogía para etiquetarla de jerga hueca, populismo pedagógico, ola panfletaria y marketing educativo que vende toda clase de recetas como soluciones a problemas humanos (Fernández Liria *et al.*, 2017; Moreno, 2006 y 2016). Cabe advertir que, en estas críticas, encuentran un buen caldo de cultivo aquellas posturas reaccionarias que reivindican una mayor segregación intelectual de los jóvenes, una vuelta a la pureza de contenidos y a fórmulas de autoridad y, con ello, a pedagogías más tradicionales (Trilla, 2017).

Sin embargo, cabe señalar también una paradoja en esos diagnósticos que arremeten contra la pedagogía: pueden ser sugerentes para comprender la fagocitación de las instituciones y de la sociedad misma por el paradigma neoliberal, incluso pueden ser útiles porque abren vías de reflexión crítica, pero son desmoralizadores en las profesiones educativas y sociales. Es más, pueden minar el sentido con el que muchos equipos educativos desempeñan su tarea en aulas y en entidades socioeducativas. Pueden llevar a pensar que el buen hacer pedagógico de muchos profesionales cae en saco roto frente a un sistema que aplasta, anestesia y culpa. Quizás, frente a diagnósticos empobrecedores y desmoralizadores en educación, urge más que nunca una reflexión pedagógica profunda para reconocer el impacto humanizador, formativo y cívico de muchos profesionales, para visibilizar las condiciones pedagógicas y las culturas educativas que promueven en sus contextos (Puig, 2021).

Se hace necesario fortalecer el sentido crítico y emancipador de la pedagogía en sus esferas epistemológica, científica, aplicada, legislativa e investigadora, así como en todos los ámbitos educativos formales y de intervención social. Por ello, aquí no vamos a seguir la línea de denuncia ideológica, sino que preferimos referirnos a algunos interrogantes de la acción pedagógica que pueden abrir vías de reflexión desde una óptica más esperanzadora, una oportunidad para reflexionar sobre la naturaleza formativa de las relaciones, las prácticas y la cultura pedagógica de las instituciones. Nos detendremos en tres aspectos que conducen a un cierto "vaciamiento de la pedagogía": el peso cada vez mayor de la atención individualizada; un cierto empobrecimiento de las prácticas y un exceso de "vinculismo" educativo.

2. *El vaciamiento pedagógico de la atención individualizada: la tutela del sujeto*

La atención singular constituye uno de los pilares básicos de la educación, uno de los ejes sobre los que pivota la acción pedagógica en escuelas y entidades socioeducativas. Los movimientos de renovación pedagógica y aportaciones tan sugerentes y diferentes como las de Neill, Makarenko, Dewey o Freinet, han destacado la autonomía, la acción responsable y el protagonismo de los jóvenes en los procesos formativos. Con diferentes formas de entender el cuidado, la responsabilidad y el compromiso, todos ellos generaron condiciones pedagógicas para la atención individualizada, el reconocimiento de la persona por encima de sus problemas y circunstancias sociales y el compromiso colectivo con los otros. La idea de formación integral –intelectual, moral y cívica–, la educación emocional y las corrientes más personalizadoras, destacan la atención individualizada frente a la homogenización y la indiferencia en educación (Rogers, 2002). Sin embargo, algunas de estas buenas ideas se han traducido de manera paradójica en un exceso de individualismo y en una cierta infantilización de la acción pedagógica. O, por lo menos, así lo advierte el malestar de muchos docentes y educadores sociales.

La atención singular y el tratamiento individualizador han sido colonizados por un discurso terapéutico centrado en la historia subjetiva. Siguiendo a Solé Blanch y Moyano Mangas (2017), algunos rasgos de este fenómeno se aprecian en una invasión de la óptica psicológica en lo educativo, una expansión de la psicología positiva y emocional centrada en el deseo, la subjetividad y la autogestión de las emociones. Otro rasgo de esa propagación se aprecia también en el exceso de clasificaciones diagnósticas en jóvenes y adolescentes por trastornos de atención y problemas de conducta, y, con ello, un consecuente aumento de la medicación y la atención especializada. Los autores se refieren a una cierta "desubicación" de las teorías pedagógicas, que se han centrado en el comportamiento y los malestares psicológicos, olvidando su dimensión formativa y cívica. Sin duda, la atención a la salud mental debe preocuparnos en el trabajo pedagógico, pero quizá no deba invadirlo a modo de sesgo psicológico.

Algo parecido se aprecia en el ámbito social, donde muchas de las acciones pedagógicas se concentran en el trabajo de acompañamiento individualizado (Cyrulnik 2005; Planella, 2016; Úcar, 2016). La práctica profesional se nutre del interés real por las personas, sus circunstancias y sus trayectorias vitales. Sin embargo, esa necesidad de comprensión puede desvanecerse cuando se produce una hipervisibilidad de la exclusión –léase vulnerabilidad, problema, riesgo, etc.– que fagocita al sujeto (García Roca, 2006; Goffman, 2006; Jones, 2012; Wacquant, 2015), una circunstancia que tiene como consecuencia el peso aplastante de las historias de vida en el trabajo socioeducativo. Partiendo de la base de que el trabajo singular e individualizador es necesario, puede ocurrir que los equipos profesionales impidan a las personas liberarse de su propia historia. Se les pregunta continuamente por los motivos de sus decisiones y se les cuestiona por sus acciones pasadas, de modo que permanecen encasilladas como sujetos de cuidado y tutela permanente. Las y los profesionales de la pedagogía social se esfuerzan en la comprensión, la escucha y el tratamiento singular de cada persona. La paradoja se encuentra en que el acceso a derechos y la salida de entornos "guetizados" se promueve también desde ese espacio individualizador. Es como si el peso de la razón aislada y solitaria de la modernidad se hubiera instalado en la pedagogía social, y el trabajo de acompañamiento se concibiera preferentemente en solitario (Wacquant, 2009). En otras palabras, esta práctica de acompañamiento, característica de la profesión, ha dado lugar a una epistemología de la intervención basada en lo individual. Y con este punto de partida, sobrevuela una idea: salir de la exclusión o minimizar su impacto es también un logro individual y solitario. Además de intentar comprender la historia de la persona y acompañar su proceso formativo, sería conveniente generar condiciones pedagógicas para una mayor emancipación de las personas de los servicios de asistencia y acompañamiento.

El exceso de tutela, ya sea en la infancia, la juventud o con personas adultas, se explica en parte por un olvido sistemático del grupo y de la comunidad como espacios de trabajo pedagógico. Se programan espacios grupales para promover el encuentro con otras personas en la misma situación, y salir de un cierto aburrimiento que provocan los circuitos de atención. En contextos de asistencia y acompañamiento no se generan condiciones pedagógicas y retos colectivos para promover el compromiso con el bien común. Y, en ciertas ocasiones, el trabajo en grupo se utiliza para entretener o generar espacios terapéuticos que lideran otros profesionales.

Quizás se ha infravalorado la fuerza del grupo como espacio formativo y emancipatorio. Generar condiciones para el trabajo colectivo es una tarea de la pedagogía, algo que no sucede al azar cuando las personas atendidas se reúnen en un mismo espacio. Requiere intencionalidad pedagógica y diseño de prácticas que velen por el diálogo y la comprensión crítica, que generen retos a los y las participantes y que permitan experimentar la reciprocidad, el compromiso y la contribución al bien común. Y hacerlo, no como sujetos asistidos, sino como ciudadanos con capacidad de aportar y mejorar la comunidad (Godbout, 1997; Martín *et al.*, 2019; Puig, 2021).

3. *La pobreza pedagógica de la praxis: protocolización de la pedagogía*

El segundo vaciamiento tiene que ver con un cierto empobrecimiento pedagógico de la *praxis* que proviene de la confusión del discurso y el protocolo con la acción pedagógica. Los equipos profesionales suelen estar bien equipados conceptualmente con discursos críticos en relación con la globalización, el capitalismo, la óptica de género y los derechos humanos –entre muchos otros. Sin embargo, la dimensión pedagógica de la pedagogía no se agota en el lenguaje y la reflexión crítica. Los idearios, los marcos conceptuales y las visiones críticas son importantes para orientar la práctica y para salir de una suerte "eficientismo" y "solucionismo" pedagógico. El mercadeo de técnicas terapéuticas y emocionales, las propuestas mercantilistas de emprendimiento y la hiperespecialización conductual y cerebral deben ser discutidas con criterios pedagógicos que requieren de marcos conceptuales críticos. Sin embargo, la pedagogía no puede reducirse al discurso.

Si los equipos educativos están equipados solo con discursos y con diagnósticos, corren el peligro de vender humo. O, como vimos antes, de diseñar prácticas poco estimulantes, que no promueven retos y que se alejan de lo colectivo y lo cultural. Un discurso crítico puede colonizar y empobrecer la *praxis* si no se concreta en el diseño de acciones que supongan una experiencia formativa. A mayor distancia entre el discurso y la propuesta pedagógica, mayor malestar y frustración en los profesionales. De nuevo, la paradoja se produce cuando el discurso fagocita la dimensión pedagógica, es decir, cuando hay más solidez en los discursos y en los diagnósticos críticos que en las propias prácticas.

Otro elemento que favorece el empobrecimiento de la *praxis* pedagógica es el exceso de protocolos y la creciente burocratización que se han instalado en la educación. Un exceso que se aprecia en la creciente invasión de procedimientos e indicadores que las y los educadores deben cumplir y revisar en el día a día, lo que puede encorsetar la práctica pedagógica de los equipos. Incluso, puede darse la paradoja que las y los profesionales de la educación estén tan ocupados con cuestiones técnicas y de monitorización de procesos que "regalen" la *praxis* pedagógica a expertos, voluntarios y otros profesionales que disponen de más tiempo para diseñar acciones pedagógicas con las personas atendidas.

Esta protocolización tiene otras consecuencias. Una de ellas es la "multiderivación", que hace transitar a las personas de forma intermitente por circuitos de protección social. Cada vez con más frecuencia, las entidades sociales derivan a las personas a nuevos servicios especializados de escucha, formación, inserción y atención psicológica. Es una experiencia que eterniza su condición de usuarios frágiles, necesitados de asistencia, que requieren la tutela constante de la administración. Los itinerarios de inclusión se vuelven en contra del objetivo con el que fueron pensados: atrapan a las personas en lugar de invitarlas a la emancipación. Reducir la acción pedagógica al corsé del protocolo conlleva un empobrecimiento de la *praxis* y limita la capacidad de los equipos para generar condiciones pedagógicas ricas y prácticas educativas formativas.

Los discursos y los protocolos forman parte de la educación, pero la pedagogía no se agota en ellos. Esta paradoja pone de manifiesto que es necesario fortalecer la cultura pedagógica de los proyectos, es decir, el engranaje de prácticas y relaciones que se dan en una institución, que envuelve a sus miembros y que se percibe en la atmósfera y el clima de una comunidad (Puig, 2012). Evitar el vaciamiento pedagógico de la educación, se consigue fortaleciendo la cultura pedagógica de las instituciones. Una cultura que no se limita a un listado de buenas intenciones, de discursos críticos, como tampoco a la síntesis de los protocolos de actuación. Una cultura pedagógica densa, organizada y rica en prácticas, ofrece experiencias formativas diversas a los que participan en ella: refuerza capacidades vitales, promueve aquellos mínimos de socialización que requiere la vida en común, pero también invita a una formación cultural; reconoce a las personas y las invita a la participación cívica comprometida con lo común. Y lo hace por medio del diseño pedagógico. En definitiva, pensar lo pedagógico en clave de cultura nos aleja de una *praxis* unidireccional –un educador que acompaña a una persona– para concebirla más como una experiencia integral de participación, formación y reciprocidad en el seno de una comunidad de prácticas. No todas las personas atendidas pasarán por todas las propuestas, ni todos los equipos ofrecerán las mismas alternativas, pero, a más cultura pedagógica, menor empobrecimiento de la *praxis* profesional.

4. *El vaciado de la relación educativa: "vinculismo" pedagógico*

La pedagogía se pone en marcha en un nivel íntimo y transversal, el de las relaciones interpersonales, una vía de proximidad que resulta vital para la formación y la humanización. La relación es la forma más personal del trabajo pedagógico, el espacio en el que aterriza la subjetividad, el carisma y el carácter personal de los educadores. Y es también el medio –no el único– en el que las y los jóvenes expresan su individualidad, se comunican y cuidan entre sí y expresan su indignación y sus críticas. En contextos de exclusión, permite a educadores y personas atendidas comprometerse en una trama de dignidad y buscar caminos de recuperación y emancipación (Gijón, 2019). Sin embargo, en ocasiones se vacía el contenido formativo de la relación con miradas simplistas y reduccionistas.

La relación forma y humaniza, permite experimentar lazos de cuidado e invita a los ciudadanos a sentirse miembros comprometidos con la comunidad, pero la razón instrumental e interesada que modula nuestras sociedades también produce una mayor fragilidad relacional y, con ella, una mayor sensación de soledad y aislamiento (Puig, 2021). Ambas ópticas, la relación humanizadora y la fragilidad relacional, nos permiten comprender mejor el mundo que vivimos. Lo interesante es que ambas conviven también en contextos educativos. Las y los profesionales conocen la importancia de la relación como dinamismo formativo, pero también experimentan una mayor dificultad en la gestión relacional de los grupos, así como una mayor conflictividad y una excesiva intolerancia con los que piensan diferente.

En los últimos tiempos, la relación se ha visto reducida por una suerte de "vinculismo" que invade la práctica profesional. Parece que la educación se juega puramente en la capacidad de conexión con la persona, algo que permite evitar la distancia profesional y la dependencia. Existe una invasión de literatura sobre el vínculo que ha puesto de relevancia su importancia, pero no sabemos mucho más allá de su carácter de nexo (Cyrulnik, 2005). Reconocemos que la relación es un dinamismo fundamental de la profesión, pero se ha reducido a la posibilidad de vincularse con otras personas. En definitiva, el vínculo se ha convertido en un cajón de sastre para hablar de emociones, empatía, valores, etc.

Se trata de una amenaza que puede reducir la relación a una suerte de conexión entre personas, una concepción aglutinadora, que se quiere axiológicamente neutra e indeterminada (Caillé y Chanial, 2010). Conectarse con otras personas puede conducir a un cierto conformismo de las y los educadores: "estar junto a otro" sin desarrollar empatía, cuidado ni compromiso hacia él o ella. La relación queda entonces limitada a una suerte de conexión aséptica entre educador y sujeto. Cuando un educador reduce la relación a la neutralidad no exige a los demás ni se exige a sí mismo. Solo importa el vínculo, pero no importa la calidad de ese vínculo, entonces el contenido y la naturaleza formativa de la relación se desvanece.

El impacto educativo de la relación no se limita a la conectividad entre personas. Las relaciones son un vehículo para la dignificación en contextos de vulnerabilidad cuando se invita al autoconocimiento y la emancipación. La relación educativa no puede reducirse a una conexión aséptica y neutral. Además del vínculo necesario, cabe preguntarse ¿cómo generar una atmósfera de humanización y reconocimiento en la práctica profesional?

OPCIONES DE TRANSFORMACIÓN SOCIAL Y POLÍTICA

Posibilidades del giro decolonial y poscolonial para una Teoría de la Educación transformadora

Frente a los fenómenos limitantes de la despolitización del discurso y el vaciamiento pedagógico de la práctica, portadores de promesas de mejoras unidireccionales de la educación, se sitúa hoy con fuerza un movimiento poscolonial o decolonial, que reclama la recuperación de una visión más plural, en la que quizás ya no quepa hablar de educación, sino de educaciones, de pedagogía, sino de pedagogías (Mejía, 2020).

La idea de partida del llamado *giro decolonial* es que es posible desarrollar un tipo de saber desde las posiciones marginales de la modernidad, es decir, desde los sectores que tradicionalmente han sido apartados por las concepciones convencionales modernas. Son múltiples los ejemplos de teorías y prácticas educativas decoloniales que surgen en diferentes lugares del mundo. Hemos tenido ocasión de adentrarnos en alguna de estas expresiones, como la desarrollada por el movimiento zapatista, que vio la luz en 1994 en el estado mexicano de Chiapas, y su incidencia en otras iniciativas de insurrección, como la que promovió el colectivo de maestros en el estado de Oaxaca en 2006. El movimiento dio lugar al denominado *Sistema Educativo Rebelde Autónomo Zapatista de Liberación Nacional*, y ha configurado una pedagogía articulada en torno a cuatro ejes, que satisfacen algunas de las condiciones que hemos visto en el apartado anterior, para llenar de contenido la acción pedagógica: la ruptura de la dicotomía entre individuo y comunidad, la búsqueda de una ética alternativa a la razón universal, la educación como vía hacia la emancipación, y la defensa del aprendizaje incidental, vale decir no protocolarizado (Igelmo *et al.*, 2023a y 2023b).

Para Gustavo Esteva, fundador de la Universidad de la Tierra, y uno de los principales ideólogos de los movimientos de insurrección de Chiapas y Oaxaca, éstos representan un cuestionamiento, no sólo de la colonización y sus instituciones, sino del propio proceso de la modernidad capitalista y sus racionalidades (González Gómez, 2019), y desafían los tres ejes fundamentales de la vida moderna, el económico, el político y el ético:

— Resistimos a la economía transnacionalizada que invade y trastorna nuestras vidas.

— Vemos la democracia como una estructura de dominación y control.

— Percibimos los derechos humanos como el caballo de Troya de la recolonización (Esteva, 2008, p. 42).

Frente a la globalización unificadora, estos movimientos trazan la vía hacia la localización diversificadora, que no es localismo, sino apertura a otros grupos de oprimidos para la creación de grandes alianzas desde las que "transitar de la mera resistencia a la liberación" (Esteva, 2008, p. 85), dirá Esteva, quien sabe si con la mente puesta en Paulo Freire. Así mismo, frente a la democracia formal, esos movimientos abren la posibilidad, no de su negación, sino de su transformación en democracia radical, como la que se ha practicado desde tiempo inmemorial en las comunidades indígenas, y que supone un desplazamiento en la forma de entender el poder. "En vez de seguir pensando el poder político como cosa, algo que algunos tienen allá arriba o que puede repartirse entre todos, lo pensamos cada vez más como una relación social, que tejemos a partir de nuestra propia realidad comunal" (Esteva, 2008, p. 48). Por último, frente al sentido individualista de los derechos humanos, como ética de la modernidad, la experiencia mexicana acentúa el significado ético de la comunidad (Esteva, 2008, p. 41, nota 7).

Bill Ashcroft, uno de los principales impulsores de los estudios poscoloniales, indica que la colonización significa "haber impedido que los pueblos colonizados, culturas y, en última instancia, naciones se convirtieran en lo que podrían haberse convertido: nunca se les permitió llegar a desarrollarse en las sociedades que podrían haber sido" (Ashcroft, 2001, p. 1). Sin que hoy se pueda cuestionar este hecho, añade Ashcroft, muchas veces en la crítica poscolonial late un concepto demasiado estático de cultura, que desestima el poder transformador de las sociedades coloniales, y pasa por alto que "a menudo, las culturas colonizadas han sido tan resilientes y transformadoras que han cambiado el carácter de la cultura imperial misma" (Ashcroft, 2001, p. 2). En consecuencia, a su juicio, lo más fructífero que nos ofrecen estas epistemologías es la visión del "impacto transformador de las estrategias culturales poscoloniales en las culturas globales" (Ashcroft, 2001, p. 9).

Este impacto transformador es detectable no sólo en producciones culturales, como la literatura, sino también en los propios presupuestos del modo de vida de la modernidad. Es habitual señalar, por ejemplo, la incidencia que en el camino hacia el surgimiento de la noción moderna de los derechos humanos tuvieron –en los inicios de la colonización española– las posiciones de los dominicos Bartolomé de las Casas y Francisco de Vitoria, en defensa de los derechos de los indígenas. Pero, como realidad dinámica, la propia noción de derechos humanos se ha visto también transformada por el reconocimiento y la afirmación poscolonial de la diversidad cultural. Por un lado, a las antiguas generaciones de derechos políticos y sociales, se han añadido nuevas categorías de derechos que afianzan la identidad cultural de los pueblos y la protección de la tierra como casa común, tal como han sido formulados en textos como la *Carta Africana de Derechos Humanos y de los Pueblos*, de 1981, o la *Carta Andina para la Promoción y Protección de los Derechos Humanos*, de 2002. Por otro, el propio diálogo intercultural ha dado lugar a nuevas propuestas de fundamentación de los derechos, como la desarrollada por la profesora de filosofía y ciencia política de la Universidad de Yale, Seyla Benhabib, con la que busca reconciliar "las pretensiones de universalidad con la diversidad de formas de vida" (Benhabib, 2008, p. 179). La propuesta tiene su eje en el concepto de *iteración democrática*. Este concepto se refiere a la apelación recurrente, *iterativa*, a los derechos humanos en diferentes contextos para reivindicar variadas aspiraciones. Y, así como el uso repetido de una palabra en situaciones distintas hace que su significado varíe, según ilustra bien el poder transformador del proceso colonial al que se refiere Ashcroft, la invocación repetitiva a los derechos humanos en diferentes contextos culturales y vitales, ocasiona que su significado vaya adquiriendo nuevos matices, se vaya reconfigurando en función de las circunstancias concretas en las que se producen esas apelaciones.

En educación, el impacto transformador del diálogo intercultural poscolonial está dando lugar también a nuevas propuestas, no sólo de cómo llevar a cabo la práctica educativa, sino de comprensión de la educación misma, o sea, de cómo entender la Teoría de la Educación. Carol Azumah Dennis ha sintetizado algunas de las implicaciones que para el conocimiento de la educación tiene la descolonización en marcha de la pedagogía. Cita a Mignolo (2011b) para destacar cómo ésta significa someter la pedagogía a una transformación radical que, frente a la despolitización en marcha, recupere la perspectiva política en una nueva cartografía del conocimiento (Dennis, 2018, p. 199). Esta nueva cartografía implica situarse fuera del discurso dominante, rechazar "la postura académica y pedagógica, basada en el colonialismo, que asume que la corriente principal (occidental, colonial o eurocéntrica) es global y universal, mientras que los otros conocimientos, indígenas y locales, son una desviación" (Dennis, 2018, p. 201). Se trata de superar lo que de Sousa Santos ha llamado el "pensamiento abisal", que lleva a la categoría de inexistente lo que no cae en el lado del pensamiento dominante, consumando un "epistemicidio" frente al que hay que reivindicar la "justicia cognitiva" como elemento esencial de la justicia social (de Sousa Santos, 2007). Decolonizar la pedagogía, o la Teoría de la Educación, supone, así, estar dispuestos a situarse en lo híbrido, lo nómada, lo fragmentado, lo indeterminado, moverse en una cacofonía de voces, ensayar nuevas vías que cuestionan los presupuestos asentados, relativizar, en suma, la voz de "los padres fundadores disciplinares", lo que no significa prescindir de ellos, pero sí, insertarlos en un mapa y contexto más amplio:

Ocuparse de una materia de filosofía de la educación en la que (…) los padres fundadores disciplinares de la filosofía y las ciencias sociales no apareciesen, sería hacer un flaco favor a los estudiantes. Les negaría el acceso al capital cultural depositado en esos textos (…) Enseñar un currículo centrado en lo diverso, es enseñar críticamente las formas estándar. Dicho de otro modo, es enseñarlas, pero "puestas en su lugar". Es resistirse a descolonizar el currículo como un giro cultural y espacial superficial y, en su lugar, reformularlo en términos historizados, contextualizados y diacrónicos (Dennis, 2018, p. 198).

El pensamiento decolonial y poscolonial ha sido objeto de diversas críticas y encendidas discusiones. Daniel Inclán, por ejemplo, ha puesto la atención en la dificultad de los enfoques decoloniales para analizar las contradicciones internas de los grupos subalternos, y la relación que éstos establecen con las dinámicas hegemónicas a partir de relaciones históricas complejas (Inclán, 2016). Muchas de las críticas y posiciones en contra de estos movimientos emergen de la mano del auge de las políticas racistas de la ultraderecha (Mondon y Winter, 2023), pero también de la izquierda marxista. Desde ésta se cuestiona que, al resaltar el carácter distintivo de los entornos culturales y cuestionar la universalidad de categorías como las de clase o explotación, los teóricos poscoloniales socavan las aspiraciones progresistas a un mundo más justo (Dhawan, 2018).

Es muy destacada a este respecto la polémica protagonizada por el filósofo y crítico cultural esloveno Slavoj Žižek y el semiólogo decolonial argentino Walter Mignolo, no siempre en los límites de la corrección académica (Giuliano, 2020). Para Žižek, rearmar la democracia frente al impulso de la globalización liberal hace irrenunciable seguir pensando en términos universalistas, aunque de un universalismo que huye de una concepción estática, apriorística o muerta, para adoptar una visión de la universalidad como algo vivo, que se redefine continuamente en la renegociación de sus exclusiones. En sus palabras, "al criticar el prejuicio y la exclusión ocultos de la universalidad, nunca deberíamos olvidar que ya estamos haciéndolo *dentro* del terreno abierto por la universalidad: una crítica adecuada de la 'falsa universalidad' no la pone en duda desde el punto de vista del particularismo preuniversal, sino que moviliza la tensión inherente a la universalidad misma" (Butler *et al.*, 2017, p. 110).

Desde una posición radicalmente contraria a la de Žižek, Mignolo hace bandera de un decolonialismo cuya nota distintiva es el "rechazo de cualquier opción que pretenda universalidad, o que todavía no haya rechazado claramente los legados del universalismo en su propia trayectoria" (Mignolo, 2011a, p. 38). Ello no le impide alertar del riesgo de fundamentalismo en el que la propia perspectiva decolonial puede caer cuando se entiende como una misión que implica un destino. A su juicio, conjurar tal riesgo exige entender el pensamiento decolonial como una opción a convivir entre otras opciones, una opción, eso sí, que nos enfrenta con un punto de no retorno. "Y el punto de no retorno es que ya no hay lugar en este mundo para una y sólo una trayectoria que reine sobre los demás. El *imperio* ha pasado y se están construyendo futuros globales en los que habrá muchas trayectorias y opciones disponibles; lo que no habrá es lugar para que una opción pretenda ser *la* opción" (Mignolo, 2011a, p. 21).

Considerarlas una opción no significa, sin embargo, que estas epistemologías puedan dejarnos indiferentes. Se admitan o no sus tesis, abren una sensibilidad que nos interpela, la sensibilidad de no sentirse en el centro, de abrirse a otras opciones que no son las del discurso dominante, por muy alejadas que puedan estar de nuestras propias comodidades, de estar dispuestos y dispuestas a la transformación que pueden representar. Esta apertura, y no las tímidas propuestas de mejora, es lo que marca una auténtica voluntad transformadora.

Hacia una educación transformadora basada en una concepción holística y sistémica de la vida

Para terminar este capítulo haremos una propuesta de *praxis* educativa transformadora abierta a esas nuevas epistemologías, aderezada con la inspiración en la filosofía del cuidado (Comins, 2009) y la teoría educativa del florecimiento (Kristjánsson, 2020). La propuesta gravita sobre dos puntos interconectados. El primero se focaliza en la escucha, en un modo de escucha cuya resonancia, de acuerdo con Rosa (2019), permite anclarlo a un segundo punto que implica vitalizar las relaciones y prácticas democratizadoras comunitarias a diferentes escalas, potenciando la agencia de paz y una cultura solidaria consciente de nuestras relaciones interdependientes y ecodependientes.

En la tensión de estos dos puntos, entendemos el quehacer educativo transformador como aquel que, por un lado, facilita las situaciones de aprendizaje metacompetenciales en la línea que plantea Dolors Reig, para quien "la mente del futuro deberá ser hábil en cuestiones como la síntesis, la disciplina, la creatividad, el respeto y la ética" (Reig, 2015, p. 25). Por otro lado, ese quehacer debe ser tal que posibilite generar un proceso formativo comprometido con el desarrollo corresponsable de *praxis* compartidas como comunidad glocal (Vitón y Corchete, 2023), atentas al cuidado de la vida y de las vidas.

En estas *praxis*, y con la utilización de un uso discriminatorio del vasto conocimiento informado, y de pertinencia contextual, entre las múltiples y diversas posibilidades recursivas, se compromete el desarrollo de habilidades relacionales (hooks, 2021) para, en un entrelazamiento de las tramas afectivo-emocionales y las ejecutivas, hacer posible la interconexión de sentidos. Entendemos por tal la articulación de significaciones de un conocimiento profundo activo (Vitón y Gonçalves, 2022) que recoge, en la más rica tradición del cuidado (Noddings, 2015), el compromiso por una autonomía corresponsable en la eco-interdependencia y el florecimiento compartido.

Es así como el proceso formativo permite ser transformador, en la medida en la que crea espacios reflexivos estimulantes para vitalizar prácticas críticas situadas, comprometidas corresponsablemente. Reflexión y acción que hacen de los marcos teóricos y de las prácticas sujetas a una discusión crítica, un ejercicio de cuidado de los bienes comunes en un horizonte de solidaridad intergeneracional (Krznaric, 2022). Se desarrolla así lo que podríamos llamar una *praxis* ética relacional, de acuerdo con la propuesta de resiliencia relacional de Judith Jordan (1992) y su proyección en los modos cuidadosos de configurar procesos formativos (Vitón y Corchete, 2023). Tal *praxis* transforma las tendencias productivistas y competitivas con repercusiones perversas (Han, 2022), cuyos efectos recogen diversos estudios (p. ej. Unesco, 2020b), en una atención que fomenta los buenos tratos (Barudy, 2012), propiciando formas de vida y convivencia libres de violencias.

Desde estos enfoques, la transformación supone, para la tarea pedagógica, potenciar, con una visión holística coeducativa, un acompañamiento al proceso formativo situado (Vitón, 2023) en el que hacer real la posibilidad democratizadora de las relaciones con un criterio esperanzador, que refuerza la comunidad en su desarrollo dialógico. Entendemos por esperanza la capacidad de redefinir la propia vida y proyectarla en el futuro, asumiendo la realidad presente. Se trata de una actitud que implica la percepción de vivirse como sujeto responsable vinculado a una comunidad de pertenencia, en la que participar activamente y desarrollar la identidad, un ejercicio que tiene una clara inspiración en la tradición freiriana y la pedagogía crítica. Asumimos con Giroux (1997) la tarea de hacer real lo posible en un proceso organizado comunitario, dado un compromiso pedagógico atendido con cuidado crítico. En consecuencia, consideramos la transformación como un cambio que, de acuerdo con Marie Louise Holly (2004), implica la integración de lo estructural en la dinamización de una cotidianidad impregnada de conciencia crítica y compromiso creativo con otras realidades contraculturales, como apunta Stephen Ball (2003) frente a los escenarios neoliberales que reproducen las dinámicas de exclusión y discriminación agigantando las desigualdades.

Resultan, en este sentido, fundamentales las propuestas reflexivas y las experiencias que han ido configurando el pensamiento ecofeminista crítico decolonial (Moya y Larkin, 2022). Nos referimos a las dimensiones que abarca Warren (2003) o las *praxis* de Wangari Maathai, desde los años setenta, en las comunidades keniatas, donde trenzó un compromiso decidido por otro modo de cuidar las relaciones saludables del entorno natural y humano, en un escenario de conflictos múltiples, por el que obtuvo el Nobel de la Paz en 2004. Estos legados, entre otros muchos, proporcionan referencias inspiradoras para entender la atención holística que requiere una acción educativa en su vocación transformadora y en su proyección sistémica con una visión de largo plazo, según plantea Roman Krznaric (2022), rompiendo con un modo de estar tiranizado por el inmediatismo.

Pasemos, por tanto, a considerar a continuación esos dos puntos gravitacionales.

1. *Escucha ética resonante. Atención a un entendimiento de las necesidades en sus alcances*

Recogiendo el pensamiento de Rosa (2019), en la tradición de la escuela crítica, e inspirándonos en su atribución de la resonancia para reflexionar sobre las relaciones que nos habitan en un mundo de aceleración de cambios, de acumulación de información y de ansiedades mentales, surge la pregunta de hasta qué punto la transformación educativa no tiene hoy algo, o bastante, de acción contracultural, ante esas dinámicas hegemóni-cas productivistas y competitivas. Tales dinámicas conllevan aprendizajes colonizadores, donde los sistemas relacionales profundizan en el conjunto de las violencias que se retroalimentan unas con otras, dañando las relacio-nes vitales (Han, 2022) y reproduciendo las inequidades múltiples y cruza-das. Estas son visibilizadas con toda su densidad en los escenarios en los que la interseccionalidad de las realidades de género, clase, etnia y hábitat muestran la fragilidad focalizada en los análisis críticos de la perspectiva de género (Belmonte, 2023, p. 218), urgiendo a la necesaria coeducación democratizadora.

Por tanto, para una acción educativa transformadora, es clave resi-tuar el análisis crítico de las relaciones de violencia que entrecruzan las estructuras de inequidades, para proponer, con una mirada holística, el desarrollo de una agencia de paz en la línea de Langle de Paz (2018) y Butler (2021). Pues es desde estas aportaciones desde donde la escucha ética resonante adquiere un sentido coeducativo transformador con per-tinencia cultural.

De acuerdo con esa mirada holística, consideramos que hay, al menos, tres elementos sustantivos que han de propiciarse pedagógicamente para que esta escucha sea:

1. Abierta a otras voces y miradas que nos permiten una dinámica decolonizadora, tal como plantean Moya y Larkin (2022).
2. Ampliada a la reflexión propia de la experiencia personal y de otras experiencias inspiradoras. Podemos tener como referencia el estímulo de un ciclo de aprendizaje significativo crítico, como el que nos inspira el modelo de Kolb (1984).
3. Activa en el análisis de un contraste autorreflexivo y dialógico, donde las lecturas de reflexión desde filosofías como las de Warren (2003) y Krznaric (2022) permitan apropiar un pensamiento para la acción educativa transformadora, así como criterios para su de-sarrollo en el horizonte de una teoría del florecimiento personal y social, promoviendo en la comunidad una ética cívica crítica y reflexiva.

Sobre estos elementos sustantivos de una escucha atenta, actúa un ejercicio pedagógico de acompañamiento al desarrollo de una agencialidad educativa transformadora, dinamizando un trabajo vivo situado desde el que:

1. Entender la transformación educativa como práctica de una cotidianidad crítica que, en un esquema de ciudadanía global (Unesco, 2022), concreta prácticas colectivas solidarias, y que, democratizando el trato de los bienes comunes y su interés público, llena de sentido la activación de aprendizajes cooperativos y culturas colaborativas, al tomar en cuenta micropolíticas pertinentes.

2. Entender la práctica reflexionada como momento crítico para el sostenimiento de una dinámica corresponsable con los cuidados compartidos, fortaleciendo así la resiliencia comunitaria, en la que toma un papel protagonista la ética relacional, y en la que, frente a las diferentes violencias, haya un sostén crítico para la dinamización de una agencia de paz transformadora (Langle de Paz, 2018).

3. Entender la reflexión sobre la agencia de paz transformadora como sustento para desarrollar el alcance de su compromiso colectivo al dinamizar, desde una ecología de los aprendizajes compartidos (Pedroza, 2020), una participación más significativa en la escucha ética resonante de las experiencias de vida conversadas en horizontalidad.

El objetivo en la interacción de esta tríada es el de una sólida formación de la autonomía interdependiente y ecodependiente, criterios de aprendizaje personal y colectivo, desde donde dar sentido al cuidado de la flexibilidad resiliente en medio de una agencialidad comunitaria democratizadora. Conjugar esta gran meta educativa con la aspiración a ir haciendo de la transformación educativa una finalidad que orienta los objetivos de una visión formativa holística, necesita de un sostenido diálogo crítico y autocrítico reflexivo con quienes protagonizan el encuentro educativo y hacen suyo el compromiso emancipatorio personal y colectivo. Pues, en esa medida, la reflexión para la acción transformadora, desde la acción crítica situada, adquiere toda su carga moral para un desarrollo virtuoso, como propone la teoría del florecimiento (Kristjánsson, 2020).

2. *Intencionalidad vitalizadora comunitaria. Entender la atención formativa y sus escalas*

El segundo punto axial de nuestra propuesta apunta a modos de hacer compartidos en comunidad, en los que los cuidados biológicos y biográficos, que se entrecruzan en los territorios de vida, implican tomar en cuenta al menos tres elementos sustantivos para la dinamización de las acciones formativas, que puedan incidir, con diferente escala personal y colectiva, en generar:

1. Conciencia crítica situada en la reflexión de hábitos saludables relacionales, frente a la impetuosidad de los ritmos productivistas alienadores (Han, 2022). Se trata de desarrollar la conciencia de estar habitados por la vulnerabilidad que cruza la vida y las vidas, llenando de sentido a la filosofía del cuidado y a las significaciones éticas.

2. Conciencia reflexiva con el desarrollo de habilidades relacionales sanas (hooks, 2021). El objetivo aquí es desarrollar una conciencia reflexiva desde la que fortalecer la trama interrelacional que nos vincula con los sentidos de reciprocidad, así como la fuerza de una solidaridad concebida como cultura cívico-política. Y todo ello enfocado a profundizar los modelos de aprendizaje cooperativos y colaborativos, para llenar de sentido la práctica democratizadora coeducativa de micro y macro políticas educativas desde una perspectiva de género.

3. Compromisos de acción crítica-reflexiva colectiva, que nos mueven a cuidar en comunidad concreciones de vida y relaciones saludables de convivencia, según proponen los documentos de Unesco (2014, 2015, 2017, 2022) y la Agenda 2030, con claras repercusiones educativas (Vitón, 2019).

La apuesta es, así, por una acción educativa transformadora con inquietud de iniciativas para fortalecer la comunidad (Vitón, 2023) que llenen de significación la:

1. Coeducación democratizadora de las relaciones, vitalizando la igualdad en la diversidad desde posturas incluyentes (Braidotti, 2013) horizontales, que permiten cuidar la pertenencia comunita-

ria. Se trata de desarrollar tratamientos conversacionales que estén atentos a las potenciales discriminaciones de exclusión o marginación en el trato y que, desde una lógica de horizontalidad, permitan deconstruir prácticas que atentan contra la radical igualdad, promoviendo transformaciones desde el plano personal a diferentes niveles. En esta dirección existen, para la formación escolar, diversos modelos inspiradores, como *Fontán Relational Education* (FRE) o el *Design Change*, entre otros.

2. Atención al tratamiento resiliente comunitario (Suárez Ojeda, 2001) desde el que, a la luz de la dimensión de acompañamiento del proceso y de la visión bio-ecológica del desarrollo humano, generar una mejor comprensión de las interconexiones dinámicas y sistémicas que entrecruzan el desarrollo personal en el contexto social situado. Nos referimos a una actuación situada en la que se refuerza la identidad cultural, la autoestima colectiva y las actitudes y prácticas solidarias, propuesta de acuerdo con los planteamientos de la perspectiva ecofeminista crítica. Además de dar tratamiento al fortalecimiento de las identidades diversas, se trabajan los cruces de factores para el desarrollo de la agencia común (Vitón, 2021). Por una parte, se da, así, sentido a compartir procesos sanadores. Por otra, se potencia la cultura de la solidaridad intergeneracional y se profundiza en la democratización de las relaciones con los bienes en la buena ancestralidad, tal y como plantea Krznaric (2022), permitiendo ligar la agencia democratizadora decolonial al necesario decrecimiento (Aragón, 2022) que implica los cuidados de las vidas y de la vida.

Son estos alcances los que precisan atenderse en un proceso de acompañamiento pedagógico, ya que afrontan los desafíos actuales y articulan un compromiso transformador concretando prácticas contraculturales emancipatorias frente a las tendencias hegemónicas productivistas propias de las sociedades de rendimiento, que descuidan la atención a las relaciones vitales entre las tramas biológicas y biográficas, y que requieren tomar en cuenta la vulnerabilidad del entramado sociocultural que las sostiene (Unesco, 2020a).

Recapitulando, podemos decir que la educación transformadora implica atender a una escucha ética que, siendo resonante, permite entrelazar, de maneras humanizadoras, las relaciones que nos tejen como comunidad humana. Este tejido se inserta en las tramas biológicas y biográficas que nos ligan a un territorio recreado en un entramado sociocultural que impregna nuestras identidades. Corresponsables en el proceso de fortalecer en este entramado los hilos democratizadores de la vida, el quehacer educativo y su compromiso civilizatorio implican hacer florecer las formas de vivirnos y convivir, participando activamente en la dinamización de una solidaridad intergeneracional sostenible y regeneradora de los cuidados críticos necesarios en la transformación educativa.

CONCLUSIÓN

En el panorama educativo actual se asiste a una despolitización del discurso, que apela a recuperar el sentido de la política como conocimiento en el que se juega lo que queremos que sea la educación. Se asiste también a una despedagogización de las prácticas, que urge a superar los enfoques asistencialistas centrados en problemas y necesidades y la conversión de la pedagogía en una técnica de elección de dinámicas terapéuticas y motivacionales. Frente a tales reduccionismos emergen alternativas, como los enfoques decoloniales o el ecofeminismo, que nos invitan a resituar la transformación educativa en horizontes más amplios.

El ejercicio crítico decolonial supone, junto a una tarea formativa crítica, el desarrollo de un proceso pedagógico generador de tensión entre la gravitación de una escucha ética resonante y la intencionalidad vitalizadora de comunidad, que nos compromete, de manera corresponsable, con el cuidado de un mundo vulnerable. La meta es la formación de una autonomía interdependiente y ecodependiente, sustrato de un florecimiento cívico-político que nos anude como miembros de sociedades democráticas articuladas en torno a un proyecto común. Se trata de volver a reintegrar la política y la pedagogía dentro de un proyecto educativo que nos transforma, al hacer nuestra una cotidianidad relacional más pacífica, más inclusiva y más sostenible, con la mirada en las nuevas aspiraciones sociales, de la ética ecológica a la equidad de género.

La afirmación de la diversidad a la que nos invitan estas epistemologías decoloniales no supone negar el encuentro, sino que, como indica el profesor de historia y política de origen camerunés, Achille Mbembe, es una forma de escapar de la negación impuesta y una palanca para renegociar los términos de la pertenencia y el reconocimiento, desde los que entrar en la conversación de lo común (Mbembe, 2022, p. 45). Abrirse a estas opciones significa, por ello, reintroducir la política en el discurso de la educación, de la política en el sentido de "esfuerzo constante por imaginar y crear un mundo y un porvenir comunes" (Mbembe, 2022, pp. 41-42). La política ya no es entonces solo el ámbito de la diversidad, sino también, como ya sucedía en Aristóteles, el de la palabra. En consecuencia, asumir estas epistemológicas supone también estar dispuestos a ese acto de repartirse la palabra que hace de la política una fuerza de intercambio y de relación, y permite cambiar la espada por el debate en el espacio público (Mbembe, 2022, p. 42).

Y como el dominio del espacio, junto con el del tiempo, es el objetivo primario de la colonización, abrirse a esas formas de pensar y actuar implica, asimismo, apostar por la *desterritorialización* del conocimiento de la educación:

> Hay que estar dispuesto a salir de los territorios académicos establecidos y de los cálculos disciplinares e institucionales, cuya única función es reproducir las magnitudes reguladas. Hay que aceptar pasar por vías a veces oblicuas y a veces transversales, a fin de poner en comunicación precisamente campos que generalmente tendemos a separar (Mbembe, 2022, p. 55).

Hace tiempo, Wilfred Carr anunció la muerte de la Teoría de la Educación (Carr, 2006). Se refería con ello a la muerte de la disciplina tal como fue formulada en los años sesenta y setenta del siglo pasado en el entorno británico, especialmente por Richard S. Peters y Paul H. Hirst, la misma fuente de la que, a través de la publicación del libro de Terence W. Moore *Introducción a la teoría de la educación* (Moore, 1980), bebió y surgió en los años ochenta la Teoría de la Educación como nuevo ámbito de conocimiento en nuestro país. Para Carr, fue el giro práctico el que decretó aquella muerte, unido a la actitud antiteórica del posmodernismo. Hoy podríamos decir que es el giro ecofeminista, decolonial o poscolonial el que obliga a revisar nuestros presupuestos, el que nos impide seguir moviéndose con categorías inamovibles, que no responden ya a la tonalidad de nuestra época y los entonamientos corales implicados en la exigencia democratizadora.

También las fuentes cambian. Durante mucho tiempo, nos hemos mirado en lo que se producía en Europa y Estados Unidos, refractarios a lo que nuestra propia historia colonial podría ofrecernos. Sin tener por qué prescindir de ese legado, hoy tenemos un inmenso potencial por descubrir para una Teoría de la Educación auténticamente transformadora en Iberoamérica, Asia o África. Por ejemplo, en un momento en el que las democracias liberales son presas de los extremismos excluyentes, el odio al otro y el desprecio a la tierra, una teoría de la educación cívica dispone de un rico filón con el que enfrentar la crisis en ideas como las del "bien vivir", que constituyó probablemente la primera fórmula de resiliencia y resistencia de la población indígena ante el poder colonial hispano-americano (Quijano, 2011), o en las metafísicas africanas antiguas, que eran metafísicas del devenir, en las que el humano se definía por la riqueza de su energía vital y su capacidad de vivir en sintonía con todo aquello que poblaba el universo, incluyendo plantas, animales y minerales (Mbembe, 2022, pp. 83-86). Por supuesto, y ese es un precio a pagar, insertarse en esta empresa de transformación radical pasa por estar dispuestos a enfrentarse a esa forma de epistemicidio actual que representa la tiranía de los índices de impacto, presas del mito colonial de un pensamiento único.

REFERENCIAS

Aragón, V. (2022). *Ecofeminismo y decrecimiento*. Catarata.

Arendt, H. (1958). The Crisis in Education. *Partisan Review, 25*(4), 493-513.

Arendt, H. (1978). *The Life of the Mind*. Harcourt.

Arendt, H. (1996). La crisis en la educación. En *Entre el pasado y el futuro* (pp. 185-208). Península.

Arendt, H. (2018a). *¿Qué es la política?* Paidós.

Arendt, H. (2018b). *Los orígenes del totalitarismo.* Taurus.

Ashcroft, B. (2001). *Post-colonial transformation.* Routledge.

Ball, S. (2003). The Teacher's Soul and the Terrors of Performativity. *Journal of Education Policy, 18*(2), 215-228. https://doi.org/10.1080/0268093022000043065

Bárcena, F. y Jover, G. (2006). El pathos de la novedad en educación: en torno a Hannah Arendt y John Dewey. En J. M. Asensio, J. García, L. Núñez y J. Larrosa (Eds.), *La vida emocional. Las emociones y la formación de la identidad humana.* Vol. 2 (pp. 1-12). Ariel.

Barudy Labrín, J. (2012). Promover el buen trato y los recursos resilientes como bases de la prevención y el tratamiento de las consecuencias de la violencia humana. En M. D. Renau (Ed.), *Cómo aprender a amar en la escuela* (pp. 157-193). Catarata.

Belmonte García, O. (2023). *En femenino sin lugar. La alteridad doméstica.* PPC.

Benhabib, S. (2008). Otro universalismo: Sobre la unidad y diversidad de los derechos humanos. *Isegoría. Revista de Filosofía Moral y Política,* 39, 175-203. https://doi.org/10.3989/isegoria.2008.i39.627

Biesta, G. (2017). *El bello riesgo de educar.* S.M.

Braidotti, R. (2013). *The posthuman.* Polity Press. Cambridge.

Butler, J. (2021). *La fuerza de la no violencia.* Paidós.

Butler, J., Laclau, E. y Žižek, S. (2017). *Contingencia, hegemonía, universalidad. Diálogos contemporáneos en la izquierda.* Fondo de Cultura Económica.

Caillé, A. y Chanial, P. (2010). *La gratuité. Éloge de l'inestimable.* La Découverte.

Carr, W. (2006). Education without theory. *British Journal of Educational Studies, 54*(2), 136-159. https://doi.org/10.1111/j.1467-8527.2006.00344.x

Comins, I. (2009). *Filosofía del cuidar: una propuesta coeducativa para la paz.* Icaria.

Congreso de los Diputados (2002). Proyecto de Ley Orgánica de Calidad de la Educación. *Diario de Sesiones del Congreso de los Diputados,* Pleno y Diputación Permanente, VII Legislatura, nº 193, 9593-9620.

Cyrulnik, B. (2005). *El amor que nos cura.* Gedisa.

de Sousa Santos, B. (2007). Beyond Abyssal Thinking: From Global Lines to Ecologies of Knowledges. *Review, 30*(1), 45-89.

Dennis, C. A. (2018). Decolonising Education: A Pedagogic Intervention. En G. K. Bhambra, D. Gebrial y K. Nişancıoğlu (Eds.), *Decolonising the University* (pp. 190-207). Pluto Press.

Dhawan, N. (2018). Marxist Critique of Post-Colonialism. *Krisis. Journal of Contemporary Philosophy*, 2.

Esteva, G. (2008). Crónica de un movimiento anunciado. En G. Esteva, R. Valencia y D. Venegas (Eds.), *Cuando las piedras se levantan* (pp. 21-89). Antropofagia.

Fernández Liria, C., García Fernández, O. y Galindo Ferrández, E. (2017). *Escuela o barbarie. Entre el neoliberalismo salvaje y el delirio de la izquierd*a. Akal.

Freire, P. (2012). *Pedagogía de la indignación. Cartas pedagógicas en un mundo revuelto*. Siglo XXI.

Galtung, J. (1985). Twenty-Five Years of Peace Research: Ten Challenges and some Responses. *Journal of Peace Research, 22*(2), 141-158.

García Roca, J. (2006). Relatos, metáforas y dilemas para transformar las exclusiones. En F. Vidal Fernández (Coord.), *La exclusión social y el estado del bienestar en España. V Informe FUHEM de políticas sociales* (pp. 9-27). Icaria.

Gijón, M. (2019). Espacio íntimo de la pedagogía: relación educativa y su triple dimensión formativa como dinamismo de ciudadanía. *Educatio Siglo XXI, 37*(1), 131-146. https://doi.org/10.6018/educatio.363431

Giuliano, F. (2020). Del monólogo eurocéntrico a la enseñanza de la diferencia colonial: el debate Žižek/Mignolo. *Revista Ciencia e Interculturalidad, 27*(2), 80-93. https://doi.org/10.5377/rci.v27i02.10433

Giroux, H. (1997). *Cruzando límites*. Paidós Educador.

Godbout, T. (1997). *El espíritu del don*. Siglo XXI.

Goffman, E. (2006). *Estigma: la identidad deteriorada*. Amorrortu.

González Gómez, A. E. (2019). La insurrección en curso. El pensamiento filosófico-político de Gustavo Esteva. *Revista Ciencias y Humanidades, 9*(9), 119-138.

González-Delgado, M. (2023). La Unesco y la modernización educativa en el franquismo: Origen y desarrollo institucional del programa Education for International Understanding en España (1950-1975). *Revista Internacional de Teoría e Investigación Educativa, 1*, e85209. https://doi.org/10.5209/ritie.85209

Han, B.-C. (2022). *La desaparición de los rituales*. Herder.

Hogan, P. (2023). Large-Scale Research and the Question of Educational Experience: Recovering the Heart of the Matter. *Revista Internacional de Teoría e Investigación Educativa, 1*, 1-9. https://dx.doi.org/10.5209/ritie.88410

Holly, M. L. (2004). Learning in Community: Small Group Leadership for Educational Change. *Educar*, 34, 113-130.

hooks, B. (2021). *El deseo de cambiar. Hombres, masculinidad y amor*. Bellaterra.

Igelmo, J., Jover, G. y Quiroga, P. (2023a). Perspectivas de Ivan Illich sobre a educação na prática: de projetos educacionais contraculturais na década de 1970 à pedagogia decolonial indígena dos anos 1990 em diante. *Cadernos de História da Educação, 22*, 1-19. https://doi.org/10.14393/che-v22-2023-205

Igelmo, J., Jover, G. y Quiroga, P. (2023b). Neozapatista decolonial pedagogy: an approach to the disruptive conceptualisation of the learner. En O. Mutanga y T. Marovah (Eds.), *Southern Theories Contemporary and Future Challenges* (pp. 133-151). Routledge.

Inclán, D. (2016). Contra la ventriloquia: notas sobre los usos y abusos de la traducción de los saberes subalternos en Latinoamérica. *Cultura-hombre-sociedad, 26*(1), 61-80. https://doi.org/10.7770/CUHSO-V26N1-ART1019

Jones, O. (2012). *Chavs. La demonización de la clase obrera*. Capitán Swing.

Jordan, J. V. (1992). *Relational resilience*. Stone Center, Wellesley College.

Jover, G. y González-Delgado, M. (2023). An Overview of Historical Transitions in Politics of Education in Spain. *Oxford Research Encyclopedia of Education*. https://doi.org/10.1093/acrefore/9780190264093.013.1917

Jover, G., Prats, E. y Villamor, P. (2017). Educational policy in Spain: Between political bias and international evidence. En M. Y. Eryaman y

B. Schneider (Eds.), *Evidence and public good in educational policy, research and practice* (pp. 63-78). Springer.

Kolb, D. A. (1984). *Experiential learning: Experience as the source of learning and development*. Prentice Hall.

Kristjánsson, K. (2020). *Flourishing as the Aim of Education*. Routledge.

Krznaric, R. (2022). *El buen antepasado. Cómo pensar a largo plazo en un mundo cortoplacista*. Capitán Swing.

Langle de Paz, T. (2018). *La urgencia de vivir. Teoría feminista de las emociones*. Anthropos.

Maquiavelo, N. (2010). *El Príncipe*. Alianza.

Martín, X., Gijón, M. y Puig, J. M. (2019). Pedagogía del don. Relación y servicio en educación. *Estudios sobre Educación*, 37, 51-68. https://doi.org/10.15581/004.37.51-68

Mbembé, A. (2022). *Brutalismo*. Planeta.

Mejía, M. R. (2020). *Educación(es), escuela(s) y pedagogía(s) en la cuarta revolución industrial desde nuestra América*. Ediciones Desde Abajo.

Mendes, V. H. y Hernández Díaz, J. M. (2022). Educación, teoría poscolonial y perspectiva decolonial. Resonancias en España y Portugal. *Aula*, 28, 203-216. https://doi.org/10.14201/aula202228203216

Mignolo, W. D. (2011a). *The Darker Side of Western Modernity: Global Futures, Decolonial Options*. Duke University Press.

Mignolo, W. D. (2011b). Epistemic Disobedience and the Decolonial Option: A Manifesto, *Transmodernity: Journal of Peripheral Cultural Production of the LusoHispanic World*, 1(2), 44-66.

Mondon, A. y Winter, A. (2023). *La democracia reaccionaria. La hegemonización del racismo y la ultraderecha populista*. Morata.

Moore, T. W. (1980). *Introducción a la teoría de la educación*. Alianza.

Moreno, R. (2006). *Panfleto antipedagógico*. Discrepancias.

Moreno, R. (2016). *La conjura de los ignorantes*. Pasos Perdidos.

Moya, P. M. L. y Larkin, L. (2022). The Decolonial Virtues of Ethnospeculative Fiction. En J. Brant, E. Brooks y M. Lamb (Eds.), *Cultivating Virtue in the University* (pp. 226-250). Oxford.

Muñoz, M. (2022). Sánchez pide a sus cargos públicos salir a las calles para hacer "pedagogía" de las medidas del Gobierno frente al PP. *Público*,

12 de septiembre. https://www.publico.es/politica/sanchez-pide-cargos-publicos-salir-calles-pedagogia-medidas-gobierno-frente-pp.html

Naciones Unidas (1999). Declaración y Programa de Acción sobre una Cultura de Paz. *A/RES/53/243*. https://documents-dds-ny.un.org/doc/UNDOC/GEN/N99/774/46/ PDF/N9977446.pdf

Noddings, N. (2015). Autonomía relacional. En M. R. Buxarrais, y M. Martínez (Eds.), *Retos educativos para el siglo XXI. Autonomía, responsabilidad, neurociencia y aprendizaje* (pp. 9-21). Octaedro.

Pedroza Flores, R. (2020). *Investigación-acción de la ecología del aprendizaje. Educación expandida - atmósferas ubicuas*. UAEM-Octaedro.

Planella, J. (2016). *Acompañamiento social*. Editorial UOC.

Puig, J. M. (Coord.) (2012). *Cultura moral y educación.* Paidós.

Puig, J. M. (2021). *Pedagogía de la acción común*. Graó.

Quijano, A. (2011). "Bien vivir": entre el "desarrollo" y la des/colonialidad del poder. *Ecuador Debate*, diciembre, 77-88.

Reig, D. (2015). Jóvenes de un nuevo mundo: cambios cognitivos, sociales, en valores de una generación conectada. *Revista de Estudios de Juventud, 108*, 21-32.

Rogers, C. (2002). *El proceso de convertirse en persona*. Paidós.

Rosa, H. (2019). *Resonancia*. Katz.

Sánchez, J. (2019). *El culto pedagógico. Crítica del populismo educativo*. Akal.

Solé Blanch, J. y Moyano Mangas, S. (2017). La colonización Psi del discurso educativo. *Foro de Educación*, *15*(23), 101-120. https://doi.org/10.14516/fde.551

Suárez Ojeda, E. B. (2021). Una concepción latinoamericana: la resiliencia comunitaria. En E. B. Suárez Ojeda, A. Melillo, E. H. Grotberg y M. Alchourrón de Paladini (Comps.), *Resiliencia: descubriendo las propias fortalezas* (pp. 67-82). Paidós.

Trilla, J. (2017). *La moda reaccionaria en educación*. Paidós.

Úcar, X. (2016). *Relaciones socioeducativas. La acción de los profesionales*. Editorial UOC.

Unesco (2014). *Shaping the Future We Want. UN Decade of Education for Sustainable Development (2005-2014). Final Report*. https://unesdoc.unesco.org/ark:/48223/pf0000230302_spa

Unesco (2015). *Replantear la educación ¿hacia un bien común mundial.* https://unesdoc.unesco.org/ark:/48223/pf0000232697

Unesco (2017). *Educación para los objetivos de Desarrollo Sostenible. Objetivos de Aprendizaje.* https://unesdoc.unesco.org/ark:/48223/pf0000252423

Unesco (2020a). *La educación en un mundo tras la COVID: nueve ideas para la acción pública.* https://unesdoc.unesco.org/ark:/48223/pf0000373717_spa

Unesco (2020b). *Educación para el desarrollo sostenible: hoja de ruta.* https://unesdoc.unesco.org/ark:/48223/pf0000374896

Unesco (2022). *Reimaginar juntos nuestros futuros: un nuevo contrato social para la educación.* Unesco y Fundación SM. https://unesdoc.unesco.org/ark:/48223/pf0000381560

Viguerie, J. (2019). Los *Pedagogos. Ensayo histórico sobre la utopía pedagógica.* Encuentro.

Vitón, M. J. (2019). Reflexiones pedagógicas imprescindibles y el quehacer educativo transformador frente a los Objetivos de Sostenibilidad 2030. En M. Alfaro, S. Arias y A. Gamba (Eds.), *Agenda 2030. Claves para la transformación sostenible* (pp. 217-235). Catarata.

Vitón, M. J. (2021). Valor del cuidado pedagógico en la construcción de valores democratizadores. En P. Muñoz Sánchez (Coord.), *La complejidad en la enseñanza de valores: Formación permanente, colaboración y autorreflexión para una transformación social* (pp. 39-45). Dykinson.

Vitón, M. J. (2023). Cuidado de praxis pedagógicas transformadoras y compromisos socioeducativos emancipatorios. En A. Sierra González (Ed.), *Reinvención de los estilos de vida desde la pandemia (Enfoques interdisciplinares sobre procesos de continuidad y ruptura).* Laertes.

Vitón, M. J. y Corchete, S. (2023). Experiencias educativas inclusivas y desarrollo de la comunidad local. *Saber & Educar, 32*(1), 1-8. https://doi.org/10.25767/se.v32i1.31238

Vitón, M. J. y Gonçalves, D. (2022). Desafíos societales y compromissos coeducativos: aprendizajes situados y retos pedagógicos transformadores. En P. Arcoverde Cavalcanti (Org.), *Educação: Teorias, Méto-*

dos e Perspectivas VI (pp. 53-65). Artemis. https://doi.org/10.37572/EdArt_2705225696

Wacquant, L. (2009). *Castigar a los pobres. El gobierno neoliberal de la inseguridad social*. Gedisa.

Wacquant, L. (2015). *Parias Urbanos. Marginalidad en la ciudad a comienzos del milenio*. Manantial.

Warren, K. (2003). *Filosofías ecofeministas*. Icaria.

Capítulo 5

LIDERAZGO TRANSFORMADOR DE LA EDUCACIÓN PARA UN MUNDO NUEVO

Antonio Bernal Guerrero
(Coord.)
Universidad de Sevilla

Miguel Ángel Santos Rego
*Universidad de Santiago
de Compostela*

Arantxa Azqueta Díaz de Alda
*Universidad Internacional
de La Rioja (UNIR)*

Resumen: El concepto de educación conlleva la idea de la transformación, del cambio. Cuando enfatizamos su significado con el adjetivo "transformadora" queremos destacar que estamos posiblemente ante una circunstancia inédita. Ahora no basta con mejorar lo que ya hacemos, sobre todo nos enfrentamos a otro desafío: transformar el sistema educativo para un mundo que ha cambiado profundamente en estos últimos años y que sigue haciéndolo a gran velocidad, un mundo "nuevo". ¿Para adaptarlo a las nuevas condiciones sociales y culturales, impregnadas de ambigüedad, incertidumbre, aceleración…? Sí, por supuesto. Pero, principalmente, para que desde la propia educación se pueda liderar la transformación hacia sociedades más humanizadas, libres y justas. Esta aspiración, distanciada de cualquier versión apocalíptica sobre el poder demiúrgico de la educación, requiere la implicación de cuantas más personas, mejor, expertas y legas. Para canalizar este poder, un liderazgo transformacional se abre paso con objeto de modificar las organizaciones, promoviendo la libertad de las personas a fin de que puedan desplegar sus capacidades y contribuyendo, asimismo, al logro de las metas colectivas.

Si algo hemos consensuado después de décadas de análisis del cambio educativo es el reconocimiento generalizado de la complejidad de los fenómenos transformadores en educación. Esto no debe suponer desaliento, sino mayor conciencia acerca de las posibilidades y límites de cualquier iniciativa transformadora. Sin pretensión de ofrecer soluciones, nos centramos en la discusión acerca de las fuerzas que puedan proporcionarlas. En este sentido, las

esferas personal, sociocultural y productiva requieren re-análisis en nuevos contextos en donde los procesos carecen de la linealidad de antaño, aunque los algoritmos predictivos y su indistinta afectación de la construcción individual y colectiva adquieren un inusitado protagonismo. Nos hallamos, en efecto, ante un nuevo mundo que reclama una educación transformadora, no sólo transformada, cuya incidencia en nuestro futuro comenzamos a imaginar.
Palabras clave: Educación transformadora, Liderazgo, Identidad, Complejidad, Teoría del cambio educativo.

INTRODUCCIÓN

La proverbial obra de Sir Ken Robinson *Creative Schools* se inicia con un adagio de H. G. Wells (p. 13): "La civilización es una carrera entre la educación y la catástrofe". Sin prodigarnos en la búsqueda, en toda época histórica encontraríamos testimonios sobrados que suscribirían esta sentencia. La educación se realiza en la dialéctica entre lo novedoso y lo conocido, lo nuevo y lo viejo, lo que la sitúa en las lindes permanentes del conflicto, de la disputa y aun del drama, puesto que la pervivencia de la humanidad depende de ella, de la educación, de eso de lo que estamos hechos, como figura en la conocida proclama kantiana: "El hombre es la única criatura que ha de ser educada" (Kant, 1803/1983, p. 29). Hannah Arendt, en sus reflexiones políticas, enfatizaba el valor trascendental de la educación vinculada al paso del tiempo:

> Porque está hecho por mortales, el mundo se marchita; y porque continuamente cambian sus habitantes, corre el riesgo de llegar a ser tan mortal como ellos. Para preservar el mundo del carácter mortal de sus creadores y habitantes hay que volver a ponerlo, una y otra vez, en el punto justo. El problema es, simplemente, el de educar de tal modo que siempre sea posible esa corrección, aunque no se pueda jamás tener certeza de ella (1954/1996, p. 204).

Pero la novedad de tal dialéctica hoy quizás estribe en la vertiginosa transformación del conjunto de estructuras sociales que incrementan exponencialmente el grado de imprevisibilidad de cualquier proceso hasta niveles insospechados no hace tanto tiempo.

NUEVOS ESCENARIOS, NUEVAS CONDICIONES

Muchas prácticas innovadoras, innumerables principios y métodos se han aplicado a lo largo de la historia de la educación. Y no pocas de estas innovaciones han alcanzado ciertas cotas de éxito. Pero admitamos que desde una óptica macroscópica se ha tratado de logros de alcance limitado. Aunque la experiencia educativa es radicalmente personal, los problemas son progresivamente más globales. Este fenómeno expansivo no sólo ha afectado a la dimensión espacial, a los lugares, cuyas fronteras entre áreas vitales, antaño bien delimitadas, se han tornado lábiles y dúctiles, suscitando incluso la emergencia de esos "no lugares" a los que se refirió Marc Augé (1993), invocando el vacuo imperio de nuestra soledad, anonimato y aun despersonalización; también obedece a una nueva vivencia de la dimensión temporal (Bernal *et al.*, 2020), caracterizada por la premura, por el vértigo, por la aceleración, en la que el fantasma de la obsolescencia merodea sin descanso por todos los ámbitos, sectores y prácticas de la vida humana.

La educación es vida y no únicamente un fabuloso instrumento propedéutico para la existencia, pero también es indudablemente preparación para ella. En un mundo donde el progreso y los cambios eran lentos –cuando se advertían–, cierta formación básica más o menos estructurada podía satisfacer esa necesidad sin serios contratiempos. Pero en este mundo "desbocado", por invocar la célebre metáfora de Anthony Giddens (2000), los actuales sistemas educativos fácilmente pueden resultar anacrónicos, ofrecer contenidos y medios, habilidades y recursos, propios de sociedades periclitadas, abonando el terreno para toda suerte de diatribas desinstitucionalizadoras. Quizás, como afirma el ínclito sociólogo británico, nunca seremos capaces de ser los amos de nuestra historia, pero hemos de hallar modos de controlar las riendas de este mundo desbocado. Sin embargo, los nuevos escenarios no hacen más que incrementar las dificultades de esa ansiada sujeción.

Los ritmos e ímpetus de la idea ilustrada de "progreso" terminaron por enlazar la modernidad a la velocidad, esa "utopía cinética" referida por Peter Sloterdijk (1998), que se ha convertido en una finalidad en sí misma. En medio de la vibrante cotidianidad, la vida parece desplazarse con una rapidez sin pausa para el reposo, ya no digamos para la espera. La aceleración actual obstaculiza la divergencia, el desarrollo de la independencia personal, obedeciendo a la incapacidad general para finalizar y concluir (Han, 2020). Paralelamente, se ha producido una fractura de la confianza en el encuentro de sentido en la realidad, posiblemente debido a la desarticulación propiciada por el escaso cuidado de la tradición y cierto olvido de la historia que aumenta dramáticamente la orfandad cultural de las nuevas generaciones (Bellamy, 2018). No es difícil advertir la dificultad para hallar determinados patrones que nos permitan comprender la realidad y a nosotros mismos en un mundo vertiginosamente proteico. Problema que probablemente presenta su busilis en la desacreditación de cualquier referente a la verdad, a alguna versión de ésta, mientras se elevan al mismo rango axiológico todas las interpretaciones de la realidad, ensanchando ilimitadamente la ambigüedad. Por otra parte, el inabarcable impacto de los avances tecnológicos contemporáneos en la producción y circulación de la información, de ingentes masas de información en imparable y gigantesca expansión (Bauman, 2007), ha facilitado el acceso a las fuentes informativas de manera fabulosa, pero al mismo tiempo la ausencia de discriminación alguna aumenta la incertidumbre bajo el manto de la hiperinformación, de la imposibilidad material de gestionarla. Todo ello, en conjunto, no dificulta únicamente el hallazgo de las raíces, sino además la búsqueda de propósito, de proyección individual y colectiva, la forja de identidades personales convergentes en unidades de destino común, asemejándolas a una costra volcánica que se solidifica, se funde y cambia continuamente de forma, como relatase expresivamente el desaparecido pensador polaco.

La sofisticación del avance tecnológico ha rebasado las posibilidades y consecuencias de la evolución biológica y cultural, como sintetizase Günther Anders (2011) con su "desnivel prometeico". El formidable desarrollo de la tecnología, con un enorme poder de seducción, ha modificado las prácticas socioculturales y ha invadido todos los ámbitos de la vida. Como patógeno de este tiempo, junto a la hiperinformación, la hipercomunicación alimenta la fantasía de la atención constante, de no estar solo, de ser escuchado en cualquier momento dentro de algún foro. Se deposita así la confianza en el sistema tecnológico, por encima de las propias personas. Mientras se alimenta la expectativa de una conexión ininterrumpida, sin solución de continuidad entre la vigilia y el sueño, se experimenta, a menudo trágicamente –desafortunadamente, la depresión y la ansiedad son afecciones mentales recurrentes–, el profundo vacío de la falta de comunicación humana, que siempre requiere un lugar para la cercanía, el contraste, la reflexión, la imaginación, el encuentro pleno de experiencia real de la vida (Turkle, 2019). La forma mediática del mundo actual desarmoniza con la capacidad psíquica de poseer un mundo.

La biotecnología y la tecnología de la información prosiguen su curso, atravesado por las tensiones entre la confianza en ciertas bondades inequívocas para la humanidad y las dudas sobre sus beneficios. Las "estrategias fatales" preconizadas por Jean Baudrillard (1991), distinguidas por la asunción de que el objeto es más ingenioso que el sujeto, irremisiblemente fascinado por su poder de seducción, encuentran en la irrupción de la Inteligencia Artificial (IA) la manifestación de un potencial aún difícilmente imaginable. Nuevas formas de producción emanadas de esta tecnología (ChatGPT, Google Bard, MusicLM, DALL-E2…) bordean nuestros modos de pensar, razonar y crear. Un potencial inmenso se abre paso, al mismo tiempo que la amenaza de una devastación de alcance imprevisible. No se trata de tecnología complementaria, sino de nuevos modos de tejer la cultura, nuestras formas de vida. En su exitoso *Homo Deus* (2016), Yuval Noah Harari ofrece, en esta dirección, argumentos sobre el dataísmo. Ante la incapacidad de afrontar los colosales flujos de datos, los algoritmos electrónicos se abren paso para la obtención de información y de elaboración de conocimiento. La conexión múltiple y permanente a todos los medios y redes posibles configura ese nuevo sistema, el internet de las cosas, para el que la pérdida de privacidad, autonomía e individualidad no parecen ser un obstáculo apreciable. Formamos parte así de un sistema inabordable que no terminamos de entender, pero al que inexorablemente pertenecemos y del que esperamos obtener –mediante los algoritmos predictivos– soluciones o consignas para nuestros problemas y proyectos, dudas e incertidumbres. Se preguntó hace más de treinta años Lyotard (1988) acerca de si lo propio del ser humano fuese estar habitado por lo inhumano. Desde luego, algo inhumano hay en el miedo a la libertad, en el deseo de control que no deja de encerrar esclavitud, en el mecanicismo por el que nos deslizamos cuando aceptamos las cosas sin preguntarnos por qué, cuando alimentamos sentimientos prestados de otros, cuando nos esbaramos en mil contextos subyugados por tantos y tantos tópicos, cuando renunciamos –en fin– a nuestra originalidad. La tecnología, que avanza sin pausa, constituye una amenaza no sólo para la esencia de lo humano, sino también para la propia democracia. Ni tecno-optimista ni detractora de la IA, la eminente profesora Helga Nowotny, una de las fundadoras del Consejo Europeo de Investigación, ante el aparentemente irreversible proceso de desarrollo científico y tecnológico, en un escorzo no exento de esperanza, aboga en su última obra por un humanismo digital, alejado del escenario pleno de pesadillas que divisaba Bauman (2017) en su póstumo ensayo, donde perdía toda esperanza en que la salvación vaya a venir de la sociedad:

> No debemos ignorar la idea de futuro como horizonte abierto. Nos arriesgamos a perderla cuando empezamos a creer que los algoritmos prevén el futuro, especialmente cuando se trata de nuestro propio mañana, de lo que nos sucederá. La incertidumbre es una noción formidable que debe ser atendida, mientras sigamos atribuyendo poder a los algoritmos predictivos como parte de nuestro viaje coevolutivo en compañía de las máquinas digitales. Si confiamos demasiado en sus predicciones corremos el riesgo de volver a una cosmovisión determinista, donde todo ya está decidido y nos encontramos a merced de nuestra propia devoción por las predicciones algorítmicas (Nowotny, 2022, p. 184).

Junto a la inquietud que producen muchos aspectos desprendidos de esta revolución tecnológica y científica, como han señalado infinidad de veces acreditados analistas, mientras se han ido creando las condiciones para una mayor cooperación global, se ha incrementado una nueva conciencia del riesgo asociada al incremento exponencial de la complejidad del tejido social (cambios significativos en el mundo del trabajo, desestabilización de los mercados financieros, aumento de desigualdades, desestructuración de las zonas más pobres, desastres ecológicos, pandemias, etc.). A pesar de los indudables progresos del modelo económico actual, hay argumentos que erosionan su credibilidad tanto de índole social como estrictamente antropológica. Y, además, una lógica conflictual, bélica y violenta, asola nuestro planeta, añadiéndose a los múltiples escenarios de guerras y los consabidos e intermitentes crímenes de terrorismo diverso, como última infortunada novedad, la nefanda invasión de Ucrania por Rusia, con implicaciones para el orden político internacional y la paz mundial difíciles de predecir incluso por los más avezados expertos militares y versados diplomáticos.

Y en medio de todo esto estamos todos nosotros, quienes habitamos el mundo con nuestras sensaciones, memoria, experiencias, emociones, historia, inteligencia de la realidad y de nosotros mismos, capaces de generar sentido y de encontrarlo. De nuevo, civilización o barbarie, educación o catástrofe. Precisamos vertebrar de un modo plausible las libertades individuales con el desarrollo justo y sostenible de la *polis*. Pero este viejo desafío de transformación ahora presenta una novedosa resonación porque vivimos una época en la que el planeta entero se ve implicado, afectado por todo lo que se degrada y por todas las calamidades que se nos manifiestan, concernido por la gradual superposición entre los espacios digital y físico, que cambia nuestras relaciones humanas y con el medio, y que está transformando nuestro propio modo de estar en el mundo.

Aunque los sistemas educativos se relacionan con contextos más amplios sin los cuales no podríamos comprenderlos, como hemos expuesto, en sí mismos encontramos también argumentos suficientes para reclamar su transformación. Las familias, el profesorado, el alumnado, el personal técnico, la supervisión e inspección educativa o los diversos analistas de procesos educativos convergen en la necesidad de cambiar y adaptar los sistemas escolares a las nuevas condiciones sociales y culturales. Sin detenernos en cifras, continúan siendo alarmantes los índices de abandono y de fracaso escolar y no son escasas las críticas sobre la falta de calidad en la educación institucionalizada. Partiendo de la situación actual y considerando lo tratado en la Conferencia sobre el Futuro de Europa, la Comisión Europea (2022) propone algunas medidas como: fomentar la equidad y la inclusión en todos los niveles de la educación y la formación, mejorar la calidad, dando respuesta a la escasez de profesores y aumentando el atractivo de la profesión docente, o mejorar la educación para la ciudadanía europea. Mientras tanto, en la cotidianidad de la enseñanza se evidencia la modificación de la forma de aprender. Hay nuevas fuentes de información y nuevos modos de intercambio y de interacción con la información. Sin embargo, las prácticas educativas apenas se han alterado, manteniendo una inquietante inmovilidad. Nuevas prácticas más flexibles, colaborativas, innovadoras, más próximas a las que se desarrollan en otros entornos, aspiran a proponer alternativas organizativas, más permeables a las dinámicas de continuidad del aprendizaje (Davidson y Goldberg, 2010), pero su manifestación es limitada, cuando no episódica.

TEORÍA DEL CAMBIO EDUCATIVO

Sobran razones para mirar a la educación como resorte del cambio, pero un buen diagnóstico no basta. Se precisa una decidida voluntad de transformación, algo en lo que quizás no haya disenso, aunque las formulaciones del cambio difieran (Ball, 1994; 2023). Como advertimos, podemos argüir razones sociales, políticas, éticas, laborales, culturales, económicas y estrictamente pedagógicas para estimular la motivación hacia el cambio educativo; pero igualmente habremos de buscar aquellos elementos capaces de conmovernos, de agitar nuestras emociones, de regenerar el eros (Morin, 2020), ese dominio que nos impulsa a vivir creativamente, hasta el punto de tomar conciencia definitiva de la importancia trascendental que tiene una educación transformadora en estos momentos. Nuestra suerte depende de ello.

También es preciso apercibirse de que la transformación demandada se encuentra más vinculada a los nuevos escenarios que conforman nuestra existencia que a las propias funciones humanas, a nuestra intrínseca condición, al ámbito donde descubrimos el sentido de las cosas y de toda la realidad. En nuestra condición podemos hallar la mayor fuente de elementos permanentes de humanidad. Aunque en la medida en que el valor se modifique porque se encuentra unido a lo material y cambiante, la capacidad de percibir y realizar el valor es una cualidad con carácter de permanencia. En esta ambivalencia encontramos la explicación de la existencia de elementos permanentes y cambiantes en la vida humana. Por eso, una educación transformadora no debe ser un ejercicio de aniquilación, sino de sabiduría, donde se concilie lo aparentemente antagónico, donde se discierna y al mismo tiempo se complemente aquello que es valioso. "La educación eficaz siempre es un equilibrio entre rigor y libertad, tradición e innovación, el individuo y el grupo, la teoría y la práctica, el mundo interior y el que nos rodea" (Robinson, 2015, p. 326). Esto significa desprendimiento de la idea de poder que esclaviza y asunción de la que es camino hacia la libertad (Russell, 1938/2010).

Si algo se ha puesto de relieve de forma manifiestamente clara en la teoría del cambio es un sólido conocimiento de la creciente complejidad que suponen los procesos de transmutación educativa. Si estamos dispuestos a cambiar la educación, no podemos ignorar la trayectoria del cambio en las últimas décadas. Aunque una lógica pedagógica pueda tener su relevancia, el cambio en educación ha estado vinculado a otros influjos: sociales, culturales, económicos, políticos y tecnológicos. En este sentido, la teoría del cambio educativo muestra un itinerario indudable hacia el incremento de la complejidad de las transformaciones educativas (Fullan, 2007).

En épocas en las que en la sociedad predominaba el consenso, el cambio se centró en la mejor gestión e implementación posible, inducido desde las administraciones educativas, de carácter unidireccional y de arriba abajo. Aunque ha transcurrido más de medio siglo desde aquel enfoque, parece que no se ha perdido la fe en las posibilidades hegemónicas del cambio mediante el imperio de la ley, campo de batallas políticas que no han hecho –por lo general– más que instrumentalizar la educación. A aquella primigenia etapa centralizada siguieron nuevas propuestas que acentuaron la índole profesional de los agentes educadores –que no son meros ejecutores de planes técnicamente diseñados por expertos externos–, en última instancia responsables del cambio, lo que otorgó preponderancia a los sentidos y significados personales, interpretaciones contextualizadas de lo que suponen en realidad los procesos de implementación del cambio. El pensamiento del profesorado, los estilos docentes, la atención a la diversidad, las estrategias de compromiso intelectual y emocional con los fenómenos de transformación pasaron a un primer plano de preocupación generalizada. Posteriormente, en lugar de focalizar el cambio en los agentes personales se consideró que todo proceso de innovación habría de considerar los marcos institucionales en que ha de desarrollarse, es decir, que precisa de un contexto de reflexión y de discusión colectiva. De este modo, el cambio se afirmaba en las dinámicas de autorregulación de los centros educativos y de las propias comunidades profesionales en un clima de cooperación, coordinación y responsabilidad compartida.

Aunque impulsado desde núcleos diferentes, según los momentos evolutivos analizados, parece que ningún enfoque por sí mismo ha colmado las aspiraciones de un cambio profundo y significativo que mejore a cada persona y a la sociedad toda (Sahlberg, 2023). No hay otro camino, pues, para comprender cabalmente y poder realizar propuestas de mejora con mayores probabilidades de éxito, que el de adoptar la perspectiva de la complejidad. Ésta es un rasgo inherente a todo fenómeno de cambio educativo. La amplitud y exigencia de los cambios actuales, la pluralidad de factores y escenarios implicados y las propias coordenadas temporales de las transformaciones pretendidas nos sitúan ante un panorama difícil que requiere prudencia, diferenciación y complementariedad, integración y asociación inteligente (Fullan, 2020b). La gran empresa de transformar la educación, para que a su vez pueda ser transformadora, requiere de la participación de todos, sin exclusión, expertos y legos. En este sentido, se precisa una reformulación del liderazgo educativo.

LIDERAZGO, CAMBIO Y EDUCACIÓN

Haciendo alusión al Instituto Filantrópico de Dessau, dirigido por Basedow, Kant (1803/1983), en la edición autorizada de su *Pedagogía*, según apuntes tomados por Rink en sus clases, advertía de la necesidad de enfocar la reforma de la educación con miras amplias y espíritu cosmopolita, gracias a lo cual puede emerger "una ordenación radicalmente nueva de los asuntos humanos" (p. 96). Esta preocupación universal por la trascendencia de la educación la tenemos todos sin excepción, ya se sea moderno, postmoderno o premoderno, o un poco de todo; pero la cuestión crucial es qué hacer para mejorar verdaderamente la educación y, con ella, hacer un mundo más libre y justo. Y cualquier tentativa de solución no parece radicar en formulaciones simples.

Del principio de complejidad del cambio se infiere que hemos de atender a las interacciones dentro del sistema de educación y no únicamente a esos procesos que parecen obedecer a una causalidad lineal. Por tanto, adquiere relevancia la consideración de los fenómenos de cambio en sus múltiples conexiones, si queremos aproximarnos a cómo se manifiestan en la realidad los procesos educativos. No se puede reformar atendiendo exclusivamente al sentido común, hay en esa posición cierta falacia racionalista que presupone que la vida social puede transformarse apelando a argumentaciones aparentemente lógicas. Aunque puede identificarse cierta vigencia de la perspectiva racional-técnica en la investigación y la práctica relacionadas con la política vinculada a la gestión educativa, cabe reconocer la validez continua de la política interpretativa y crítica (Gunter, 2022). No hay fórmulas mágicas, es preciso estudiar críticamente las ideas externas, pero comprendiendo y transformando los contextos reales de prácticas. Michael Fullan es taxativo: "No hay una respuesta absoluta 'ahí afuera'" (2002, p. 134). La definición de estrategias de cambio es un espacio complejo. Fullan agrega: "Es tiempo de llenar de personas parte de este espacio complejo" (2002, p. 137).

Sentido personal y sentido social se retroalimentan o se debilitan cuando no hay interacción fluida entre ambos. La responsabilidad afecta tanto al ámbito estrictamente personal como al colectivo, pero su andadura depende de la búsqueda del sentido. Dicha confluencia no será posible sin una disposición alentada hacia el aprendizaje, hacia el descubrimiento de aquellas dinámicas generadoras de transformaciones exitosas. Éstas no obedecen únicamente a las ideas que las promueven, sino también al impacto que producen. Y ello depende de si hay suficientes personas comprometidas con el cambio. Fullan formuló, en este sentido, la regla del 25/75, es decir, el veinticinco por ciento de la solución estriba en tener buenas ideas sobre hacia dónde se dirige el cambio, el setenta y cinco por ciento restante en encontrar cómo implementarlas en cada contexto particular. El cambio de la educación y una educación transformadora ni es ni puede ser de una vez por todas. He aquí otra lección que hemos de aprender los teóricos de la educación, invitados a un estado de alerta permanente, a una apertura crítica y creativa necesariamente inacabada e interminable.

Joseph E. Stiglitz y Bruce C. Greenwald (2016), desde una visión general del desarrollo, han propugnado que la calidad de vida no depende tanto de la acumulación de capital, del conjunto de recursos y de la producción, sino de los avances en el saber. Esto es, la creación de una "sociedad del aprendizaje" no es una cuestión meramente académica, ni cultural, sino algo fundamental para el desarrollo de los países, para el crecimiento del nivel de vida. Esta preocupación, manifestada por estudiosos enfocados en el desarrollo y el progreso social, no dista de las consideraciones extraídas por los teóricos del cambio educativo. En este sentido, cabe hablar razonablemente de comunidades u organizaciones de aprendizaje, es decir, dispuestas al hallazgo renovado de la creación de compromiso compartido y de preocupación por aquello que merece la pena ser conquistado. Y todo esto desde una actitud de encuentro y compromiso con otros contextos, con otras circunstancias, con otras comunidades, con la búsqueda del bien común.

Como se ha mostrado en otro lugar (Bernal *et al.*, 2013), uno de los enfoques sobre el liderazgo más desarrollado actualmente es el "transformacional". En él se procura reunir tanto los rasgos y conductas del líder como las variables situacionales, para ofrecer una perspectiva lo más amplia posible del fenómeno. El liderazgo transformacional alude al proceso de inducción de cambios relevantes en las actitudes de los miembros del grupo y a la gestación de compromiso para la elaboración de estrategias pertinentes para el alcance de los fines pretendidos. El liderazgo transformacional, que aúna todos los avances en el desarrollo científico sobre los procesos cognitivos y emocionales, otorga poder a todos los miembros del grupo para que puedan constituirse, a su vez, en agentes de cambio. En última instancia, provoca un cambio organizativo capaz de desarrollar potencialidades individuales y, al mismo tiempo, contribuir al logro de las metas colectivas. El prototipo de la organización guiada únicamente por la razón y la lógica es insuficiente, puesto que las emociones no son simples antecedentes o consecuencias, sino constructos que median muchas de las relaciones humanas que se dan en las organizaciones.

Hargreaves y Fink (2008) establecen siete principios de sostenibilidad en el cambio y el liderazgo educativos presuponiendo que las organizaciones son entidades culturales en donde los significados son más relevantes que las propias acciones. De este modo, el liderazgo transformacional, sin obviar las singularidades personales, enfatiza el valor de una cultura organizativa orientada hacia el compromiso con la mejora continua. Un auténtico liderazgo educativo es culturalmente responsable, lo que implica constituirse en una excelente vía de inclusión (Santos Rego, 2024). De esta forma, el liderazgo es tan cambiante y dinámico como la propia realidad, en un proceso ininterrumpido de implicación de todos los miembros de la organización. La búsqueda y el hallazgo de sentido no es cuestión de algunas personas, sino de todas.

Aprender a vivir con el cambio implica tomar conciencia de su trascendencia y resonancia, esto es, de lo que principalmente imanta nuestra acción, pero asimismo reconocer que es preciso mostrarse receptivo a la contingencia, a los pequeños detalles, a los aparentemente menores. Como señaló Gladwell (2000), el comportamiento humano individual es sensible a la influencia del entorno, especialmente a partir de un "punto de inflexión" desde el que los efectos de una idea o proyecto se propagan suscitando cambios significativos. Frecuentemente, estos puntos de inflexión pueden ser situaciones o detalles aparentemente insignificantes, pero que relacionados con otros elementos provocan ese impacto.

Definitivamente, el liderazgo es cada vez menos lineal, requiere de un aprendizaje continuo y de la estimulación permanente a que otros aprendan, desarrolla una mayor precisión y eficacia con y mediante el grupo, y contribuye tanto en lo próximo como en lo más distante. Un modo general de pensar sobre el liderazgo es que el trabajo del líder consiste en desarrollar culturas de colaboración y liderazgo de otros hasta el punto en que el propio líder resulte prescindible. Michael Fullan (2020a) ha afirmado recientemente que el liderazgo debe concebirse en términos de cuatro componentes: expertos en contexto, determinación conjunta de soluciones, una cultura de rendición de cuentas y convertirse en actores del sistema.

ESFERAS DE ATENCIÓN

Los procesos de cambio reclaman una perspectiva a menudo heurística, susceptible de incrementar la probabilidad de que suceda un determinado fenómeno. No se trata de plantear objetivos inalcanzables, sino de mantener la aspiración a la creación de las condiciones óptimas para las personas en sus contextos reales, sabiendo que las circunstancias están en un proceso ininterrumpido de transformación. Por tanto, conviene discurrir sobre las fuerzas que puedan dinamizar la transformación educativa para que, a su vez, la propia educación llegue a ser transformadora. En este sentido, varias esferas merecen particular atención: la constituida por la dimensión estrictamente personal, la conformada por la identidad cultural y la configurada por el mundo productivo.

1. *Dimensión personal*

La evolución tecnológica de los últimos años está impactando en todo el mundo y en todos los órdenes sociales. Esta situación afecta a nuestro *modus vivendi* en el trabajo, en la salud, en la economía y, también, en la educación y formación (Alonso-de Castro y García-Peñalvo, 2022). En el ámbito educativo, la IA supone una verdadera revolución disruptiva que está abriendo abundantes incógnitas además de incertidumbre y preocupación (Selwyn, 2022). Este contexto entre los partidarios de la tecnología o "tecno-optimistas" y los detractores o "tecnófobos" abre, junto a muchos retos, abundantes dilemas (Flores-Vivar y García-Peñalvo, 2023). Nadie cuestiona que la tecnología forme parte de nuestro día a día y tenga un papel cada vez más relevante en el ámbito escolar, pero, también, no cabe duda de que esta situación nos enfrenta a un importante reto como sociedad: repensar qué es educar y qué es lo genuino de la tarea educativa para que sea verdaderamente transformadora.

Un viejo adagio popular sentencia que "los tiempos cambian y mudan costumbres", pero el cambio siempre opera sobre un soporte de realidad humana perdurable (Altarejos, 2006) que se constituye en el protagonista esencial de la acción educativa. En estas circunstancias se hace más necesario que nunca considerar la aspiración a centrar la atención educativa en el propio sujeto. Siguiendo a Millán Puelles (1967/2014), "solo algo que permanece se puede transformar" (p. 310). Una educación verdaderamente transformadora lo será si afirma lo verdaderamente humano, si afirma la naturaleza humana, que "no es, precisamente, la que impide los cambios sino la que los posibilita, la que los hace posibles" (Ruiz-Corbella *et al.*, 2012, p. 70). Sin embargo, el cambio que requiere la educación es una nueva búsqueda del sentido de la educación, además de renovar el compromiso con ella.

Con frecuencia, las leyes educativas fijan como objetivos educativos lo que los analistas, supervisores y organizadores de las políticas han diagnosticado como exigencia de adaptación a los tiempos, preocupación social o económica, interés por contribuir a la mejora del bienestar humano o pensando en la preparación para la vida adulta. Estos aspectos, aun siendo de utilidad, no son suficientes. El aprendizaje se ha convertido en una cuestión de gobierno que promueve una racionalidad de lo que se considera educativo (Simon y Masschelein, 2008). Para García del Dujo (2011), el utilitarismo ha impulsado una "pedagogización de la vida" que convierte la educación en un instrumento para alcanzar un fin y una herramienta social para favorecer la modernización de la sociedad, la mejora tecnológica y la sostenibilidad de un modelo social preocupado mayoritariamente por el logro de beneficios económicos. No es tampoco la escuela un simulador para futuros trabajos en el que se pone por delante el interés por el método, se reducen los contenidos y se priorizan determinadas habilidades (Tirado, 2021).

Muchas de las cuestiones que se plantean como objetivos educativos, por ejemplo, la tolerancia, la mejora de la convivencia, el respeto por la diversidad, la prevención de adicciones, la creatividad, el interés por el bien común, la perspectiva ética y un largo etcétera de cuestiones, no se conquistan ni se alcanzan porque se incluyan en el currículo escolar ni tampoco son consecuencia de que los profesores los aborden en sus clases. Muchos de estos aspectos no son susceptibles de ser "enseñados", sino que requieren ser "descubiertos" por los propios interesados. Un buen maestro es espejo y modelo positivo para sus alumnos y ejerce sobre ellos su influencia (López-Martínez *et al.*, 2023). Un buen maestro educa con su propia vida valores como la responsabilidad, la paciencia, la justicia, el respeto, el interés por el bien común y por los demás, el sentido positivo, la tolerancia al error, el compromiso con la sociedad, etc. En esta labor no podemos ser sustituidos por la IA. Esta situación nos inclina a recuperar un paradigma educativo centrado en la persona, es decir, que conciba la escuela como ámbito de comunicación y de relación entre profesores y alumnos, donde se cree un clima de confianza y sentido positivo en el que se tengan altas expectativas de logro respecto al aprendizaje de los alumnos.

Esta tarea supone, por un lado, el desarrollo de la identidad personal, de lo que nos hace únicos, diferentes e irrepetibles, humanamente contingentes y genuinamente distintos y, en consecuencia, acreedores del reconocimiento propio y ajeno (Bernal, 2005). Y, por otro, una escuela y una educación transformadora tienen que preparar y cultivar hábitos que hagan posible tal desarrollo, de manera primordial los que facilitan la mejora de la capacidad de esfuerzo. Esto es especialmente necesario en nuestros días, en los que estamos acostumbrados a obtenerlo todo de manera rápida y con el mínimo empeño.

La noción de identidad personal ha sido profundamente cuestionada y criticada a lo largo del siglo XX, pero la complejidad de la sociedad actual y el impacto que supone la IA en el ámbito educativo reclaman revalorizar este concepto. Es de interés resaltar la importancia que tiene para la educación una correcta comprensión del concepto de persona que configure una formación más humanizadora, acorde a su naturaleza y sus fines. Se precisa que "el quehacer educativo, si verdaderamente es tal, afronte directamente la condición personal del ser humano" (Altarejos y Naval, 2011, p. 152). Su olvido reduce la educación a un simple medio para alcanzar unos resultados políticos y sociales, probablemente deseables, como la mejora del bienestar y del nivel de vida general, pero, en cualquier caso, insuficientes desde un punto de vista personal.

La persona es principio de acción, origen de sus acciones, ser activo, autor: "es la persona, el único ser capaz de iniciativa, porque es el único que aporta. La persona es efusiva, da de sí" (Polo, 1990, p. 19). La educación, si quiere contribuir a la mejora de la persona, no puede olvidar la dimensión más profunda de la libertad. En hacerse persona adquiere un papel fundamental la educación y, en concreto, la educación de la libertad, como contribución directa al crecimiento y desarrollo del ser personal. Todos tenemos las mismas notas personales, una común condición, pero su desarrollo es diverso.

Una educación que tiene en cuenta a la persona se entiende no sólo como atención al individuo considerado en sí mismo, ni tampoco como adaptación a las peculiaridades diferenciales de los estudiantes como si se tratara de una mera individualización del aprendizaje, sino que tiene presente también todos los elementos comunitarios que rodean a la persona. Una verdadera educación personalizada no busca otra cosa que el bien de la propia persona y se concibe como un auténtico encuentro (Pérez-Guerrero y Ahedo, 2020). En este proceso de personalización educativa, las dificultades principales, al tiempo que sus renovadoras posibilidades, giran en torno al hallazgo de fecundas fórmulas conciliadoras entre lo intrapersonal y lo interpersonal.

Las acciones de cada persona manifiestan un modo singular de obrar, que tendrán, por tanto, un carácter originario y creativo, dada la novedad que aporta cada uno en su irrepetibilidad (Arendt, 1958/2008). La originalidad, la creatividad, constituye la manifestación dinámica de la singularidad personal, que considera a alguien origen de algo. A través de la reflexión y la creatividad se crean soluciones, se modifica el entorno haciéndolo útil, se responde a las exigencias del mundo y se aprende de la experiencia. En consecuencia, la creatividad es muy importante para las personas y para la sociedad; y la educación se convierte en uno de los medios de su estímulo y desarrollo (Colom *et al.*, 2012). Dar cauce a la originalidad personal implicará, en primera instancia, detectar aquellos elementos que están obstaculizando su despliegue.

La autonomía hace referencia a la capacidad de gobierno de sí mismo, a la posesión y uso efectivo de la libertad, porque la persona no puede ser "participada" por otro, es un fin en sí misma. Existe una estrecha relación entre autonomía y libertad. La autonomía es una condición de la felicidad posible de cada persona y un requisito para la participación en la vida cívica (Ruiz-Corbella *et al.*, 2012). La autonomía confiere dignidad, por la que se es sujeto, realidad distinta al mundo de objetos circundantes. Ejercer la libertad no se limita a la capacidad de elegir, sino que se entiende como capacidad de planificar la vida, asumir compromisos consigo mismo y con la sociedad, ser responsables. En consecuencia, la educación contribuye a mejorar el compromiso con los demás y, en definitiva, la responsabilidad por renovar un mundo común (Arendt, 1954/1996). Es una tarea que corresponde a cada uno porque la persona es insustituible, no es un número. Toda acción educativa, aun aquella que finalice en una obra exterior, presupone un proceso de decisión en el que el sujeto no sólo decide sobre el objeto, sino también sobre sí mismo: es el aspecto formativo de la actuación educativa (Altarejos *et al.*, 2003). No es posible formar personalidades autónomas si los individuos son sometidos a la imposición intelectual de unos conocimientos que les impulsan a aprender sin descubrirlos por sí mismos (Ruiz-Corbella *et al.*, 2012). Desvelar las múltiples caras del miedo a la libertad es un reto inexcusable para poder potenciar la autodeterminación posible en que consiste toda genuina educación transformadora.

Por otra parte, la persona se relaciona con lo que le rodea, es una necesidad constitutiva y existencial (Burgos, 2009). El individuo humano aislado es una abstracción. Su existencia es existencia en un mundo, su vida es vida en común. El hombre es una existencia abierta hacia dentro y hacia fuera, el ser humano es "imposible en solitario" (Sellés, 2007, p. 494). Es, al mismo tiempo, dependiente e independiente. La sociedad es para el hombre condición de viabilidad porque por sí solo no puede alcanzar la plenitud (Maritain, 1949). Vivir, para el ser humano, es convivir. Hacer la propia vida conlleva el reconocimiento de que hay otros inmersos en el mismo proyecto, interrogándose por el significado de la vida que comparten.

A la vista de lo expuesto anteriormente, en lo referente a la dimensión personal, la educación ayuda al florecimiento personal en un marco de búsqueda del bien común. En sentido estricto, no se forman personas, sino que se ayuda a esas personas para que se formen a sí mismas. Educar supone ayudar a la humanización de la persona y a que se desenvuelva de manera exitosa en la sociedad que le ha tocado vivir. El papel de la escuela, como el de la educación en general, en este sentido, ha de ser repensado en los nuevos contextos socioculturales.

2. *Un punto de atención cultural para un mundo nuevo*

En cuanto a la esfera de atención sociocultural, estamos persuadidos de que la cuestión identitaria no decaerá, sino que, muy posiblemente, se acrecentará. Esta, la identidad, ha sido siempre un eje de humanidad en cuanto que permite la construcción y reconstrucción del yo en interacción con otros individuos y circunstancias. Sin los otros, decía Hobsbawn (1994), no hay necesidad de definirnos a nosotros mismos.

Algo tenemos claro en el examen de la identidad. Es proteica, o sea, cambiante, a menudo vulnerable en la turbulenta dinámica social y cultural a través del tiempo. Junto a lo que muda, también lo que permanece da cuenta de la complejidad del proceso, más profundo que un cúmulo de condiciones a negociar (Bernal, 2022).

Sería de imposible síntesis referir ahora la manera en que se ha abordado el tópico, incluso en un tiempo como este en el que, reconocible el incesante cambio, se ha dado en hablar de múltiples identidades, o de múltiples pertenencias, sin dejar de afirmar, como hace Soriano (2004), que todos los seres humanos poseemos una identidad compuesta y multidimensional.

Sin embargo, a diferencia del pasado, la identidad se impone menos desde el exterior y más desde la misma actividad del sujeto en un mundo hiperconectado (Castells, 1998), lo cual da una idea de la crisis en la que ha entrado un paradigma identitario moderno (básicamente *territorial*), favoreciendo otro tal vez de factura postmoderna (*transterritorial*). Es el tránsito, en anotación de Béjar (2007), desde una identidad adquirida a otra auto-constituida.

Es claro que en el discurso identitario confluyen los más variados referentes en el estudio de la condición humana, a saber, la historia, la filosofía, la psicología, la sociología, la economía, ahora la tecnología digital, amén del permanente rol de la teoría y la intervención educativas en su coyuntural despliegue curricular, tanto explícito como oculto.

En la identidad reconocemos un elemento tan imprescindible como preocupante, dada su fluidez y la flexibilidad con que acaba convertida en punto de disputa o de radical afirmación política, con los consiguientes peligros que ello conlleva para el fortalecimiento de una democracia liberal en horas bajas.

Ciertamente, es imposible desligar la identidad de nuestro ser social. La historia y los más sofisticados productos de la creatividad literaria así lo ponen de manifiesto. Sin la comunicación con los demás no habría alimento identitario posible. Como partes de una red social, la identidad es moldeada merced a la conexión diaria, que ya está siendo más digital que cara a cara. Avalaría una suerte de identidad nodal al basarse en relaciones que se han originado en la red. Pero tal circunstancia, pese a su lógica y a su pragmática vital, está teñida de obstáculos, en absoluto novedosos, aunque sí enardecidos mediante el poderoso influjo de Internet y su campo abonado para la distorsión y, con frecuencia, la falsificación en cadena (Cruz, 2023).

Y, por supuesto, la pervivencia del esencialismo más irredento a partir del axioma anclado en la creencia de un yo verdadero e inmutable (Appiah, 2019), cuna de proclamas xenófobas y populistas, en camino a una distopía que socava los ideales ilustrados y las dinámicas de emancipación en Europa. Una cosa es la crítica de los descuidos de la modernidad (Giddens, 1997), o de los excesos de confianza en una Ilustración (Pinker, 2018) que simboliza el relato del progreso, y otra muy distinta es mirar para otro lado ante una suerte de metamorfosis cultural que conduce al adoctrinamiento y a la exclusión por vías paralelas.

El problema de dilucidar quiénes somos y lo que ansiamos ser es, pues, una cuestión de calado epistémico y axiológico en una perspectiva que rebasa ampliamente la deliberación individual. Precisa de diálogo y consenso en cada contexto a la luz de legados y transformaciones reconocibles en el tejido social y comunitario, que es también donde se dirimen sentido y significado de las manifestaciones de la cultura, que en sus dinámicas de cambio influyen, incluso asimétricamente, en la percepción de las personas.

Podríamos decir, entonces, que un razonable ajuste de los patrones de diferencial representación individual y, sobre todo, grupal, a valores y metas compartidas, continúa siendo un importante desafío en las sociedades de nuestro entorno. Es un reto que permanece en sociedades abiertas, edificantemente plurales, en no pocos parámetros e indicadores convivenciales. Y por eso a nadie le puede extrañar que la gestión del cambio incluya el desarrollo estratégico de *patterns* educativos para una democracia de consistente recorrido intercultural.

Ahora bien, quienes asistimos a este foro de pensamiento y debate probablemente coincidiremos en una premisa, no otra que el respeto a la "identidad cultural" mediante la provisión de una educación de calidad culturalmente apropiada y sostenible, lo cual es consistente con la resistencia que es menester ejercer ante las amenazas de la uniformización y de la radicalidad identitaria (Jullien, 2021).

No obstante, junto al tema de fondo, la identidad según parámetros de naturaleza étnico-cultural y cívico-social en contextos informados por flujos migratorios de dispar etiología y alcance estadístico, lo que ha venido aflorando, a propósito del yo, es una mutación de colosal importancia por su raíz tecnológica, hasta el punto de inaugurar una era de lenguaje e interpretación indisociable, en su prospectiva, de la digitalización y el *big data* (Marín Gracia, 2005). Y ello supone otra gramática en toda regla, por cuanto ya está organizando, articuladamente, la experiencia y, en su caso, la reflexión acerca de lo "poshumano" (Mèlich, 2021).

Poca duda puede haber de que la cultura y las oportunidades para el desarrollo de proyectos y programas de orientación intercultural, dentro y fuera de la escuela, tienen que contar –*hic et nunc*– con el ingente caudal de interacciones y transacciones en formato virtual (ecologías del aprendizaje digital), en cuyas dinámicas se acentúa una identidad móvil, relacional o personal susceptible de fusión a través de un mismo lenguaje en el que se expresa un sistema de referentes que se van actualizando y entrelazando en la red, y en las redes, donde los individuos dilatan cotidianamente su visión del mundo (Fernández Mayo, 2023).

Pensamos que el diseño de pedagogías digitales difícilmente podrá discurrir ya fuera de estas vías de megacomunicación. Será sensato, entonces, ver las plataformas digitales dignas de crédito como oportunidad para crear interrelaciones dinámicas en contextos de acción educativa (siempre complejos), ya que es, o puede ser, un camino para ir más allá de los confines culturales de cualquier elemento concreto del sistema (Guo *et al.*, 2020).

En cualquier caso, un exceso de ingenuidad podría llevarnos a pensar que esa visión es resultado del libre albedrío que fluye a medida que aprendemos a valernos, y a hacernos valer, en la sociedad digital. Puede que sea así en una pequeña o moderada escala. Pero haríamos bien en tener presente que sus credenciales están ya en manos de una nueva élite, una *protoclase* con dotes de mando en la industria tecnológica. Se la ha llamado la *coding elite,* ya que su poder se residencia en el dominio de técnicas computacionales, cuya confiabilidad cultural está, justamente, en el mundo de los números. Sus técnicas se representan como universales y al margen del voluble, cuando no molesto, campo de la política entre humanos (Ribes *et al.*, 2019).

Es claro, entonces, que esta élite de nuevo cuño está empezando a ejercer el control, sin muchos rodeos, vía reglas automatizadas y mediante lenguajes informáticos, donde sólo los iniciados adquieren licencia de paso. Si la computación es la clave para desentrañar los progresos en cualquier disciplina, cabe inferir que las categorías de análisis (también las identitarias), que eran comunes hace algunos años, están en fase de notoria transformación.

Aún con las reservas y cautelas intelectuales que el asunto suscita, hemos de asumir el futuro, y lo aconsejable será hacerlo como horizonte abierto, cuidándonos ante el asomo, reiterativo, de cosmovisiones deterministas. Somos testigos de cambios de enormes proporciones en la cosmovisión de lo humano. Esa mutación lleva el cartel de IA (Torrijos y Sánchez, 2023) como el gran eslabón de un proceso co-evolutivo entre personas y máquinas (Nowotny, 2022), destinado a tensionar en grado superlativo su relación con modos de concebir la cultura y la educación.

Es precisamente en una sociedad de algoritmos donde Burrell y Fourcade (2021) advierten acerca de una modulación de identidades a la que hemos de prestar atención por motivos diversos, incluidos los singularmente éticos (Latorre, 2019). No en vano, las propiedades intelectuales en los sistemas de análisis de datos acostumbran a ser inferidas desde indicios o señales conductuales que llegan a comercializarse haciendo perfiles predictivos en distintas dimensiones de nuestro recorrido vital.

Lo más llamativo, sostienen los citados investigadores (Burrell y Fourcade, 2021, p. 227), es que incluso aquellos aspectos de la identidad que una vez se pensaron como fijos o cuasi-invariables (género, etnia, nacionalidad, ciudadanía…) son ahora susceptibles de nuevas lecturas en tan virtualizadas rutas por las que transitamos. Y colocan el ejemplo de las pautas de exploración en la web y otras actividades digitales que pueden ser "minadas" para determinar la probabilidad de que se trate de un hombre o de una mujer, aunque esas evaluaciones son siempre flexibles y provisionales, dependiendo del flujo de datos.

En consecuencia, la inferencia algorítmica de la identidad de género es susceptible de cambio en cualquier momento. No puede extrañar, por tanto, que la tecnología esté animando, y alimentando, un cambio cultural sin precedentes, por el que la identidad de género sería crecientemente experimentada como múltiple y fluida más que como binaria y estable.

Puede que sea suficiente para poner sobre la mesa el poder algorítmico que se mueve, y nos mueve, según patrones de vida y de aprendizaje continuo (dudosamente "profundo", al menos en un sentido clásico) en el que será todo un reto mantener nuestra subjetividad ante un conglomerado sistémico que comienza a presumir de superioridad intelectual por el avance que lidera hacia la utopía tecnológica.

Por descontado que hemos de estar muy atentos a los esquemas y señales identitarias que se irán sucediendo en los próximos años ante el empuje de la IA y sus implicaciones para múltiples áreas de crecimiento y desarrollo, agudizando nuestra sensibilidad debido a posibles quiebras de la equidad o prejuiciosas representaciones étnico-culturales en la sociedad civil "potencialmente" controlada por la *coding elite* a la que ya hemos aludido (Cottom, 2020; Forsythe y Hess, 2021).

Como tantas veces en el pasado, habrá que esperar puntos de encuentro o, si se prefiere, de equilibrio entre vectores contradictorios que pueden llegar a neutralizarse, pero también a fortalecerse entre sí. Lo contrario obligará a fundar un nuevo *ethos* cultural si no queremos actualizar añejas narrativas sobre "apocalipsis" culturales, recordando la fatal advertencia antropológica formulada por de Martino (2016), ante derroteros deshumanizadores.

Lo que acabamos de decir tiene mucho que ver con la sensación de tener, o no, bajo control, el futuro, que la tecnología puede acabar por determinar en un grado inasumible. Pensemos que a medida que la tecnología desempeña un papel central en la vida de la gente van apareciendo expectativas sobre el inicio y el mantenimiento de relaciones sociales que, antes o después, los individuos internalizan como identidades que, a su vez, afectan a las formas en que se percibe y se interactúa en el mundo circundante.

Se trata, en este caso, de identidades vinculadas a objetos materiales, de construcción muy similar al resto de categorías. Tal identidad se refiere al modo en que un sujeto ve el uso de una *information technology* como parte integral de su personal sentido del yo. En el enfoque de Carter y Grover (2015) se entiende como el resultado de situarse uno mismo del lado (*self-identification*) o aparte (*des-identification*) de la tecnología con la que interactuamos.

3. *La atención al trabajo (y la educación) del futuro*

Que estamos entrando, si no lo hemos hecho ya, en un mundo nuevo, parece fuera de toda duda razonable. Aun así, permítasenos matizar que el aserto es más predicable para unos contextos de vida que para otros, máxime si procedemos comparando indicadores y parámetros de desarrollo, con su correspondiente traducción geográfica en formas de existencia y modelos de producción que, a su vez, generan expectativas globales según esquemas de pensamiento político situado y oportunidades sobre el terreno.

Y esto tiene que ver, indefectiblemente, con la representación del trabajo (y también de la educación que lo propicia) como vías de realización y optimización humanas, si bien advirtiendo de los riesgos que conlleva colocar ambos vectores en pie de igualdad dialéctica en todo momento y lugar.

Los cambios en la organización del trabajo (economía de las plataformas) y en la organización de la educación (auge del aprendizaje *on line*) corren parejos en un mundo en el que tiempo y espacio no son lo que eran. Lo que puede estar en juego es, nada menos, que su función social, el sentido de comunidad que han venido articulando secularmente. Y está por ver si el imperio de la tecnología logrará crear otro sentido valioso de comunidad. Así lo planteaba en 2018, muy oportunamente, la OIT, a través de la Comisión Mundial creada por la misma organización internacional, para estudiar el futuro del trabajo.

Manifiestamente, la cuestión de fondo está condicionada por coordenadas geopolíticas y factores estructurales en los puntos cardinales del planeta. Sin embargo, las concepciones del trabajo, y de la educación, han vertebrado lógicas de pensamiento y de acción social no siempre simétricas en su recorrido histórico. Basta con un pequeño ejercicio de reflexión sobre el ritmo de mudanza desde la "tercera" a la que ahora se rotula como "cuarta" revolución industrial (Teng *et al.*, 2019), cuya característica esencial es su colosal dimensión computacional.

Es como si, al menos en apariencia, la sociedad del aprendizaje se nos haya quedado rezagada frente al internet de las cosas, la robótica, el *blockchain*, las manufacturas aditivas (impresión en 3D), o la IA y demás artilugios de última generación en la tecno-economía. No es solo que la velocidad de procesamiento del *homo sapiens* se haya mostrado inferior a la de la máquina en una serie de actividades productivas, sino que nuestras habilidades cognitivas en algunos campos están siendo sobrepasadas. Lo cual hace que esos "avances" lleguen a percibirse como inquietantes. Un diagnóstico, por cierto, del que tienen participado recientemente conspicuos impulsores de la más sofisticada tecnología en la red.

Todos sabemos que la IA es un hecho irreversible. Aceptándolo, no obstante, es insuficiente saber lo que hace, o será capaz de hacer, por nosotros. Precisamos saber lo que podrá hacer para nosotros (Burbules *et al.*, 2020). De ahí que debamos asegurarnos de que sus potencialidades operen dentro de un amplio marco de referencia basado en valores, propósitos e inteligencia humana. Un detalle para recordar en el reclamo de una educación transformadora para un mundo nuevo.

Lo que está servido, por tanto, es un eje deliberadamente crítico en el panorama intelectual del presente, que rebasa con creces cualquier frontera, real o simbólica, en el escenario transnacional. Un primer gran reto está ya a la vista: el de consensuar determinadas reglas y/o la creación de sistemas más resilientes ante perturbaciones de calado, difíciles de imaginar aquí y ahora.

Pensamos en derivas vinculables a posibles quiebras en la visión convencional del trabajo. Aunque en torno a tal núcleo de discusión, la prudencia aconseja lecturas centradas en enfoques de mayor o menor optimismo acerca del futuro del empleo (Khallash y Kruse, 2012), teniendo en cuenta que el fin del trabajo, según el análisis de Rifkin (1995), es también un comienzo, toda vez que el balance de creatividad y productividad vía innovación tecnológica no ha supuesto, laboralmente hablando, ninguna hecatombe, amén de haber servido de aliciente para notables conexiones entre trabajo y educación continua. El impacto sí se ha hecho notar, no obstante, en cómo y dónde trabajamos, cambiando formas de vivir y de relacionarnos.

Tampoco hemos de olvidar las alteraciones que ha traído consigo la gravísima crisis pandémica en cuanto a la calidad del trabajo en general, que ha afectado sobremanera a mujeres y migrantes (Unesco, 2022) y ha tenido inequívocas repercusiones globales y locales, poniendo de relieve otro de los grandes desafíos para una fértil asociación, o transición, educación-trabajo. Se trataría de identificar las destrezas (no rutinarias) que, en una visión holística de las competencias, ayudarán en la ruta hacia un futuro de mayor cohesión, equidad e inclusión social (Santos Rego *et al.*, 2022).

Ciertamente, como subraya Brown (2021), los cambios en la relación ser humano-máquina exige una definición más flexible o extensa de "inclusión educativa". A medida que se incrementen las áreas de la vida social y económica, intermediadas por las plataformas digitales y las analíticas predictivas, será inevitable la pregunta sobre cómo preservar la inclusión en los términos conocidos hasta ahora.

Sin necesidad de traer a colación explícita, por tediosa, la heterogénea marea de informes al respecto, mencionamos tres tipos de *skills* que, previsiblemente, marcarán diferencias en la próxima década, y más allá: a) cognitivas y meta-cognitivas (pensamiento crítico, creatividad, aprender a aprender, autorregulación...); b) sociales y emocionales (empatía, autoeficacia, cooperación, responsabilidad...); y c) prácticas y físicas (habilidades manuales, uso de máquinas y tecnologías avanzadas) (OECD, 2018; Rios *et al.*, 2020).

Desde luego, si el trabajo del futuro se verá respaldado por personas que sepan vivir cómodas con la tecnología, no lo será menos que el sistema educativo refuerce sin demora su contribución a un mundo más sostenible, garantizando competencias ecológicas en los ciclos de estudio. La pedagogía tiene aún mucho que proponer y evaluar en esa dirección, en tanto que la economía política hará bien en seguir ofreciendo claves comprensivas (Durazzi, 2018) a la luz, justamente, de la economía del conocimiento que predomina en cada país, y la diferencial sensibilidad de los gobiernos a dejarse presionar por las demandas del mercado laboral.

CONSIDERACIONES FINALES

Como tal, la adjetivación de "transformadora" puede conferir al *factum* "educación" un considerable marchamo de interpretación demiúrgica, incluso un inusitado poder epistémico en cuanto que abre puertas a significados susceptibles de desbordar la imaginación, puestos a atribuirle el germen de cambios no precisamente superficiales en el devenir personal y social. Se trata de cambios que, por así decirlo, se tienen asociados a progresivas tomas de conciencia, en individuos y grupos, o a la alteración de marcos de referencia acerca del mundo, ayudándose de la reflexión y el pensamiento crítico, o también (con la debida licencia) merced a la racionalidad impresa en teorías de la educación de reconocible anclaje moderno.

Importa tomar nota, máxime en tiempos de posverdad, de la facilidad con la que se puede trivializar, y marginalizar, el sentido o el propósito transformador de una buena educación.

Señalaba el egregio filósofo de Könisberg como los dos descubrimientos más difíciles eran el arte del gobierno y el de la educación, y añadía, quizás con alguna extrañeza, que aún en pleno siglo XVIII se seguía discutiendo sobre estas ideas. La teoría del cambio hoy ha eliminado toda sombra de extrañeza, pero el conocimiento de la complejidad de los procesos de transformación los ha tornado tal vez más elusivos porque se han elevado notoriamente los niveles de logros que puedan considerarse satisfactorios. Hemos perdido antiguas dosis de optimismo, pero quizás ganamos luces para alumbrar posibles fuerzas generadoras de cambios significativos en la senda de búsqueda de sentido. Una visión necesariamente sistémica nos aboca a adoptar una perspectiva integradora del cambio, donde cuentan las personas reales en circunstancias reales, donde nadie ha de quedar excluido ni tampoco mermado en el despliegue de su potencialidad.

Precisamos encontrar conciliaciones entre lo intrapersonal y lo interpersonal, en una sociedad afectada por varios patógenos, como los señalados, entre otros, por Han: la hiperinformación, la hipercomunicación y el hiperconsumo. Necesitamos indagar con el mayor tiento posible acerca de qué factores dificultan, obstaculizan o impiden el pleno desarrollo personal, imposible de alcanzar si ahogamos la singularidad, la autonomía y las posibilidades relacionales que potencialmente todos tenemos. Será menester deconstruir los perniciosos atajos de la autenticidad que hoy proliferan.

En el desarrollo de nuestras identidades reconocemos un elemento tan necesario como alarmante, en contextos donde se transita desde identidades aceptadas a construidas en marcos socioculturales de alta complejidad. Después de la crítica a los relatos modernos del progreso, estamos abocados a dilucidar entre qué y quiénes somos, recuperando lo valioso de la tradición e innovando dentro de la conversación humana a la que está llamada protagónicamente una educación transformadora.

Mantener nuestra subjetividad en esta sociedad hipertecnologizada, cuyo exponente más evidente se refleja en el conminatorio poder que pueda alcanzar la IA, donde se da una negativa incidencia sobre nuestra memoria, difuminando la orientación temporal retro y proyectiva, se ha convertido en un desafío crucial. No es un simple reto de crecimiento, sino de supervivencia, de no desorientarse definitivamente en este nuevo mundo sobreacelerado. Deberíamos evitar deslizarnos por las rutas de pedagogías digitales carentes de vigor reflexivo, no exentas de ciertas dosis de arriesgada ingenuidad.

La confección de una agenda de educación transformadora, es decir, focalizada en la calidad de la educación para este "mundo nuevo" al que nos hemos referido en estas páginas, sólo puede elaborarse desde la comprensión de la complejidad del cambio. La educación está repleta de desafíos intelectuales, emocionales y relacionales. Y ninguno puede rehuirse. Retos imposibles de afrontar desde un ejercicio de soledad, por muy fructífera que pudiera ser. Las dinámicas de cambio educativo nos obligan a perspectivas sistémicas, en las que no hay liderazgo más beneficioso que el que implica a todos en la tarea transformadora. Se trata de procesos no lineales y multidireccionales en los que cabe integrar elementos aparentemente opuestos, pero que pueden llegar a convertirse en complementarios. Sin olvidar nuestra individualidad, conquistada con tanto esfuerzo, la complejidad del cambio ahora nos demanda saber integrar, además de diferenciar.

Conservar e incrementar nuestro potencial crítico e innovador es el mejor modo de no sucumbir ante la estrechez de las denominadas "agendas de la performatividad", abriéndonos a una inteligente mirada de la realidad –necesariamente contextualizada e interactiva– sin descuidar la exigencia de dar cuenta a la sociedad de los recursos destinados al sistema educativo. Precisamos, por tanto, edificar compromiso individual y social con el sentido de la educación, resiliencia frente a las influencias negativas de diverso origen que la corroen y fuerza moral para elevar nuestro horizonte personal y colectivo de humanización. De este modo, es posible imaginar un liderazgo educativo auténticamente transformador. Sin embargo, existe el peligro cierto, y nos tememos que en expansión, de la simplificación ideológica de distintos signos y de ciertas actitudes atomizadas, mientras este nuevo mundo prosigue su veloz transformación hacia no sabemos muy bien qué destino. ¿Podremos hacernos con las riendas de este mundo desbocado referido por Giddens?

REFERENCIAS

Alonso-de Castro, M. A. y García-Peñalvo, F. J. (2022). Metodologías educativas de éxito: proyectos Erasmus+ relacionados con e-learning o TIC. *Campus Virtuales*, *11*(1), 95-114. https://doi.org/10.54988/cv.2022.1.1022

Altarejos, F. (2006). Estudio introductorio. Leonardo Polo. Pensar la educación. En L. Polo, *Ayudar a crecer. Cuestiones filosóficas de la educación* (pp. 13-39). Eunsa.

Altarejos, F. y Naval, C. (2011). *Filosofía de la educación*. Eunsa.

Altarejos, F., Rodríguez Sedano, A. y Fontrodona, J. (2003). *Retos educativos de la globalización. Hacia una sociedad solidaria*. Eunsa.

Anders, G. (2011). *La obsolescencia del hombre. Sobre la destrucción de la vida en la época de la tercera revolución industrial*. Vol. II. Pre-Textos.

Appiah, A. K. (2019). *Las mentiras que nos unen*. Taurus.

Arendt, H. (1954/1996). *Entre el pasado y el futuro. Ocho ejercicios sobre la reflexión política*. Península.

Arendt, H. (1958/2008). *La condición humana*. Paidós.

Augé, M. (1993). *Los "no lugares", espacios del anonimato. Una antropología de la sobremodernidad*. Gedisa.

Ball, S. J. (1994). *La micropolítica de la escuela: Hacia una teoría de la organización escolar*. Paidós.

Ball, S. J. (2023). Education policy network analysis: The state of the art. *International Journal of Educational Research*, 117. https://doi.org/10.1016/j.ijer.2022.102096

Baudrillard, J. (1991). *Las estrategias fatales*. Anagrama.

Bauman, Z. (2007). *Los retos de la educación en la modernidad líquida*. Gedisa.

Bauman, Z. (2017). *Retrotopia*. Polity Press.

Béjar, H. (2007). *Identidades inciertas: Zygmunt Baumann*. Herder.

Bellamy, F. (2018). *Los desheredados. Por qué es importante transmitir la cultura*. Encuentro.

Bernal, A. (2005). Reconceptualización de la identidad personal y educación para la autodeterminación posible. *Teoría de la Educación. Revista Interuniversitaria*, *17*, 97-128.

Bernal, A. (Coord.) (2022). *Identidad emprendedora. Hacia un modelo educativo*. Tirant lo Blanch.

Bernal, A., Jover, G., Ruiz, M. y Vera, J. (2013). Liderazgo personal y construcción de la identidad profesional del docente. En J. Argos y P. Ezquerra (Eds.), *Liderazgo y educación* (pp. 19-42). Editorial de la Universidad de Cantabria.

Bernal, A., Valdemoros, M. A. y Jiménez, A. (2020). Tiempo, poder y educación. Repensando la construcción de la identidad personal y las decisiones de la política educativa. *Revista Española de Pedagogía*, *78*(277), 377-394. https://doi.org/10.22550/REP78-3-2020-02

Brown, P. (2021). *Education, technology, and the future of work in the fourth industrial revolution*. Digital Futures of Work Research Programme, Working Paper 2.

Burbules, N. C., Fan, G. y Repp, P. (2020). Five trends of education and technology in a sustainable future. *Geography and Sustainability*, 1, 93-97. https://doi.org/10.1016/j.geosus.2020.05.001

Burgos, J. M. (2009). *Reconstruir la persona. Ensayos personalistas*. Palabra.

Burrell, J. y Fourcade, M. (2021). The society of algoritms. *Annual Review of Sociology*, 47, 213-237. https://doi.org/10.1146/annurev-soc-090820-020800

Carter, M. y Grover, V. (2015). Me, my self and I (T): conceptualizing information technology (IT) identity and its implications for information systems (IS) research. *MIS Quarterly*, *39*(4), 931-957. https://doi.org/10.25300/MISQ/2015/39.4.9

Castells, M. (1998). *La era de la información. El poder de la identidad*. Alianza.

Colom, A. J., Castillejo, J. L., Pérez-Alonso, P. M., Rodríguez, T., Sarramona, J. Touriñán, J. M. y Vázquez, G. (2012). Creatividad, educación e innovación: emprender la tarea de ser autor y no sólo actor de sus propios proyectos. *Revista de Investigación en Educación*, *10*(1), 7-29.

Comisión Europea (2022). *Avances hacia la consecución del Espacio Europeo de Educación*. Comunicación de la Comisión al Parlamento Europeo, al Consejo, al Comité Económico y Social Europeo y al Comité de las Regiones. Oficina de Publicaciones de la Unión Europea. Documento COM/2022/700.

Cottom, T. M. (2020). Where platform capitalism and racial capitalism meeting. The sociology of race and racism in the digital society. *Sociology of Race and Ethnicity, 6*(4), 441-449. https://doi.org/10.1177/2332649220949473

Cruz, M. (2023). *El gran apagón. El eclipse de la razón en un mundo actual*. Galaxia Gutenberg.

Davidson, C. N. y Goldberg, D. T. (2010). *The Future of Thinking. Learning Institutions in a Digital Age*. The MIT Press.

Durazzi, N. (2018). The political economy of high skills: higher education in knowledge-based labour markets. *Journal of European Public Policy, 26*(1), 1-19. https://doi.org/10.1080/13501763.2018.1551415

Fernández Mayo, A. (2023). *La forma de la multitud (capitalismo, religión, identidad)*. Galaxia Gutenberg.

Flores-Vivar, J. M. y García-Peñalvo, F. J. (2023). Reflections on the ethics, potential, and challenges of artificial intelligence in the framework of quality education (SDG4). *Comunicar, 31*(74), 37-47. https://doi.org/10.3916/C74-2023-03

Forsythe, D. y Hess, D. J. (2001). *Studying those who study us: an anthropologist in the world of artificial intelligence*. Stanford University Press.

Fullan, M. (2002). *Los nuevos significados del cambio en la educación*. Octaedro.

Fullan, M. (2007). *Las fuerzas del cambio, con creces*. Akal.

Fullan, M. (2020a). The nature of leadership is changing. *European Journal of Education, 55*(2), 139-142. https://doi.org/10.1111/ejed.12388

Fullan, M. (2020b). System change in education. *American Journal of Education, 126*(4), 653-663. https://doi.org/10.1086/709975

García del Dujo, A. (2011). Los límites de la Educación. *Revista Portuguesa de Pedagogía* (extra-serie), 181-194.

Giddens, A. (1997). *Modernidad e identidad del yo: el yo y la sociedad en la época contemporánea*. Península.

Giddens, A. (2000). *Un mundo desbocado. Los efectos de la globalización en nuestras vidas*. Taurus.

Gladwell, M. (2000). *The Tipping Point. How Little Things Can Make a Big Difference*. Little, Brown and Company.

Gunter, H. M. (2022). An intellectual history of the political in the educational management, administration and leadership field. *Educational Management Administration & Leadership*, *50*(2), 252-268. https://doi.org/10.1177/17411432211051916

Guo, K., Bussey, F. y Adachi, C. (2020). Digital learning across cultures: an account of activity theory. *Intercultural Education*, *31*(4), 447-461. https://doi.org/10.1080/14675986.2020.1747259

Han, B.-C. (2020). *El aroma del tiempo. Un ensayo filosófico sobre el arte de demorarse*. Herder.

Harari, Y. N. (2016). *Homo Deus. Breve historia del mañana*. Debate.

Hargreaves, A. y Fink, D. (2008). *El liderazgo sostenible. Siete principios para el liderazgo en centros educativos innovadores*. Morata.

Hobsbawn, E. (1994). Identidad. *Revista Internacional de Filosofía Política*, 3, 7-17.

Jullien, F. (2021). *La identidad cultural no existe*. Taurus.

Kant, I. (1803/1983). *Pedagogía*. Akal.

Khallash, S. y Kruse, M. (2012). The future of work and work-life balance 2025. *Futures*, *44*(7), 678-686. https://doi.org/10.1016/j.futures.2012.04.007

Latorre, J. I. (2019). *Ética para máquinas*. Ariel.

López-Martínez, O., García-Jiménez, E. y Cuesta-Sáez de Tejada, D. (2023). El bienestar emocional de los docentes como factor determinante en los procesos de enseñanza/aprendizaje en el aula. *Estudios sobre Educación*, 44, 155-177 https://doi.org/10.15581/004.44.007

Lyotard, J. (1988). *L'inhumain. Causeries sur le temps*. Éditions Galilée.

Marín Gracia, M. A. (2005). La construcción de identidades cívicas y culturales en la sociedad red. En E. Soriano (Coord.), *La interculturalidad como factor de calidad educativa* (pp. 133-174). La Muralla.

Maritain, J. (1949). Reflexiones sobre la persona humana y la filosofía de la cultura. En G. Duhamel, J. Maritain y J. Okinczyc, *La defensa de la persona humana* (pp. 37-63). Ediciones Studium de Cultura.

Martino, E. de (1966/2016). *La fin du monde. Essai sur les apocalyses culturelles*. EHESS.

Mèlich, J. C. (2021). *La fragilidad del mundo*. Tusquets.

Millán-Puelles, A. (1967/2014). *La estructura de la subjetividad*. Rialp.

Morin, E. (2020). *Enseñar a vivir. Manifiesto para cambiar la educación*. Paidós.

Nowotny, H. (2022). *La fe en la inteligencia artificial. Los algoritmos predictivos y el futuro de la humanidad*. Galaxia Gutenberg.

OECD (2018). *The future of education and skills. Education 2030*. Position Paper. http://www.oecd.org/education/2030/E2030%20Position%20Paper%20(05.04.2018).pdf

Pérez-Guerrero, J. y Ahedo, J. (2020). La educación personalizada según García Hoz. *Revista Complutense de Educación, 31*(2), 153-161. https://dx.doi.org/10.5209/rced.61992

Pinker, S. (2018). *En defensa de la Ilustración. Por la razón, la ciencia, el humanismo y el progreso*. Paidós.

Polo, L. (1990). Hacia un mundo más humano. *Cuadernos Empresa y Humanismo*, 32.

Ribes, D., Hoffman, A. S., Slota, S. C. y Bowker, G. C. (2019). The logics of domains. *Social Studies of Science, 49*(3), 281-309. https://doi.org/10.1177/0306312719849709

Rifkin, J. (1995). *The End of Work: The Decline of the Global Labor Force and the Dawn of the Post-Market Era*. Putnam´s Sons.

Rios, J. A., Ling, G., Pugh, R., Becker, D. y Bacall, A. (2020). Identifying critical 21st-century skills for workplace success: a content analysis of job advertisements. *Educational Researcher, 49*(2), 80-89. https://doi.org/10.3102/0013189X19890600

Robinson, K. (2015). *Escuelas creativas. La revolución que está transformando la educación*. Grijalbo.

Ruiz-Corbella, M., Bernal Guerrero, A., Gil Cantero, F. y Escámez, J. (2012). Ser uno mismo. Repensando la autonomía y la responsabilidad como coordenadas de la educación actual. *Teoría de la Educación. Revista Interuniversitaria, 24*(2), 59-81.

Russell, B. (1938/2010). *El poder. Un nuevo análisis social*. RBA.

Sahlberg, P. (2023). Trends in global education reform since the 1990 s: Looking for the right way. *International Journal of Educational Development, 98*(1), 102748. https://doi.org/10.1016/j.ijedudev.2023.102748

Santos Rego, M. A. (2024). ¿Son los Fondos de Conocimiento una oportunidad para un Liderazgo Educativo inclusivo? En *Liderar una educación integral, sostenible e inclusiva. Fundamento teórico y prácticas LEI* (pp. 62-77). Fundación Europea Sociedad y Educación.

Santos Rego, M. A., Sáez-Gambín, D., González-Geraldo, J. L. y García-Romero, D. (2022). Transversal competences and employability of university students: converging towards service-learning. *Education Sciences, 12*(4), 265. https://doi.org/10.3390/educsci12040265

Sellés, J. F. (2007). *Antropología para inconformes. Una antropología abierta al futuro*. Rialp.

Selwyn, N. (2022). The future of AI and education: Some cautionary notes. *European Journal of Education, 57*(4), 620-631. https://doi.org/10.1111/ejed.12532

Simon, M. y Masschelein, J. (2008). The governmentalization of learning and the assemblage of a learning apparatus. *Educational Theory, 58*(4), 391-415. http://dx.doi.org/10.1111/j.1741-5446.2008.00296.x

Sloterdijk, P. (1998). *Extrañamiento del mundo*. Pre-Textos.

Soriano, E. (2004). La construcción de la identidad cultural en contextos multiculturales. En Sociedad Española de Pedagogía, *La educación en contextos multiculturales: diversidad e identidad* (pp. 187-219). Sociedad Española de Pedagogía.

Stiglitz, J. E. y Greenwald, B. C. (2016). *La creación de una sociedad del aprendizaje. Una nueva aproximación al crecimiento, el desarrollo y el progreso social*. La Esfera de los Libros.

Teng, W., Ma, C., Pahlevansharif, S. y Turner, J. J. (2019). Graduate readiness for the employment market of the 4th industrial revolution. *Education + Training, 61*(5), 590-604. https://doi.org/10.1108/ET-07-2018-0154

Tirado, M. A. (2021). *Escuelas que enseñan. El conocimiento sí importa*. Círculo Rojo.

Torrijos, C. y Sánchez, J. C. (2023). *La primavera de la inteligencia artificial. Imaginación, creatividad y lenguaje en una nueva era tecnológica*. Libros de la Catarata.

Turkle, S. (2019). *En defensa de la conversación. El poder de la conversación en la era digital*. Ático de los Libros.

Unesco (2022). *Reimaginar juntos nuestros futuros: un nuevo contrato social para la educación*. Unesco y Fundación SM. https://unesdoc.unesco.org/ark:/48223/pf0000381560